肖又尺‖ 著

新三国文化：
跨界传播与品牌再生产研究综述

（2000—2017）

西南交通大学出版社
·成 都·

图书在版编目（CIP）数据

新三国文化：跨界传播与品牌再生产研究综述／肖又尺著．—成都：西南交通大学出版社，2018.2
ISBN 978-7-5643-6073-3

Ⅰ．①新… Ⅱ．①肖… Ⅲ．①《三国演义》－文化产业－研究 Ⅳ．①I2-29

中国版本图书馆 CIP 数据核字（2018）第 030243 号

新三国文化：
跨界传播与品牌再生产研究综述

肖又尺　著

责任编辑　左凌涛
助理编辑　王　硕
封面设计　力术堂文化

印张　12.5　　字数　185千
成品尺寸　170 mm×230 mm
版次　2018年2月第1版
印次　2018年2月第1次
印刷　四川煤田地质制图印刷厂
书号　ISBN 978-7-5643-6073-3

出版发行　西南交通大学出版社
网址　http://www.xnjdcbs.com
地址　四川省成都市二环路北一段111号
西南交通大学创新大厦21楼
邮政编码　610031
发行部电话　028-87600564　028-87600533
定价　68.00元

序

时值今年荷月，肖又尺君寄给我他的文稿，邀我为他的论文作序。2012年我与肖君在香港中文大学同窗修读宗教学硕士。班上有几位或生长於成都，或移居成都的同学，大家感情融洽，经常在一起上课读书。之后，我在中文大学继续读博至今并留校，肖君回到成都，任职於武侯祠博物馆。遥远的地理距离并未离间了友情，我们一直保持联系。我博士研究课题的主要领域是近代四川区域宗教史，这几年经常往返成都香港，一则进行田野考察，二则探亲踏故。几次在旅途中与肖君小聚，聊聊成都与香港两地的生活与学术。肖君帮我找了很多四川近代史资料，其中亦包括有关清代以来武侯祠的史料，对我的研究很有帮助。此次他邀请我为他的论文作序，我当仁不让。

本书关注的主要是学界新世纪以来有关三国文化传播与文化产业的研究状况，并对此种复杂状况进行梳理，归纳与分析。肖君文中主要举出了目前学界研究的四种三国文化传播类型：一是《三国演义》文本的英文翻译情况；二是三国影视作品现象；三是三国类游戏产品的开发状况；四是中国各地三国主题旅游业的状态。当然，除这四类以外，还有其他的三国文化跨界传播与再生产现象，比如依据《三国演义》、《三国志》等历史文本进行重新加工、创造的中文书籍出版物，网络电视剧，短剧，网络小说等。

可见，三国文化跨界传播与再生产是一个有深度挖掘潜力与生命力的文化生态库。一直以来，与三国文化相关的戏曲小说等艺术活动亘古不衰，且不论唐宋，单就明清两代而言，三国已深深扎根于市井文化与民俗艺术中。肖君文中提到，不仅中国人在挖掘三国文化，连近邻日本也参与进来。由于历史各种原因，日本早于中国，于上世纪80年代已经非常成功地开发了《三国志》这款游戏产品，其精良制作水准和严谨的制作风格获得日本本土的商业成功，对中国后起的三国文化市场也产生强烈影响。《三国志》游戏的剧本严格参照了史书《三国志》文本，力求还原历史人物形象与历史场景，包括人物名字、性格、历史地名，尽量避免凭空捏造，也避免了小说《三国演义》对人物刻画的脸谱化，可算是一款"学院风"游戏产品。产品在虚拟世界中表达的真实性与严谨性为其打开了东亚市场，并为后来市场形成示范效果。中国后来居上，出现了《三国杀》等本土产品，也已经获得商业的巨大成功。肖君亦在文中梳理了这一款产品的特质，请诸位详读原文，我就不赘述了。

新世纪以来，中国网络产业的发达，大大带动了文化传播与文化产业的繁荣，从BBS到社区论坛，从博客到微博再到自媒体，从电视平台扩展并逐渐转移至网络影视平台、直播平台，文化产业的传播渠道、销售渠道和销售模式大大拓宽，受众也普及到所有网民。单单网络影视剧一种形式，动辄几亿、几十亿的播放量，可以重复、跨地域地无限制播放，这种传播广度和播放强度都是上世纪的电视台根本无法比的。这真是文化产业百花齐放、百家争鸣的好时代，各种题材、一种题材的不同表达都争相上场。这也是各种文化产业竞争激烈的时代，一个项目投资成功了收益极其可观，并能再创造出一系列后续项目热点，当然更多的是被大制作大投资淹没无声，形不成影响力，更有令投资人和创作者血本无归的事故性投资。

成都武侯祠博物馆，是四川三国文化的地标性景点，肖君即是在此工作，其深厚的历史底蕴，优美的亭林风景，是文化研究人员工作的好地方，令我欣羡不已。每次回成都，都尽量抽空过来武侯祠附近逛一圈。最近一次逛武侯祠是2016年，当时游览有些疑惑，正好借此序文，冒昧一问：汉昭烈庙的主殿坛上，本来应摆放礼器、祭品之处，虽然庙祠已经被改为博物馆，但既然坛上还摆着刘备圣像和刘备牌位，见其名如见其人，总觉得祭祀的礼节少了点什么。主殿内坛上的工夫也值得考虑：

游客要不要行礼，行什么礼，都是应该规范的。武侯祠作为三国文化圣地，天然具有庄严肃穆的气质，与游客非单纯的卖买关系，还有对国人精神文化的传承在内。我相信，把祠庙坛内的门道规制好，做什么，留白什么，这一套都是工夫。对传播三国文化和传承我国优秀文化遗产应该是有益无害的。在这个呼唤中华民族复兴的时代，我们该怀着怎样的心态朝圣？这需要中国政府、学界和民间共同努力，给出回答。

再祝肖君学业进步，更上层楼。

龙泓致

2017年8月

于香港中文大学未圆湖畔

自序：文化传播中的三国文化精神

近年来，尤其是电影《赤壁》上映后的十年，三国文化被纳入了现代化与全球化的语境中，与分隔千年的现代产物熔铸在了一起。这种新技术、新叙事、新表达的进步，同时也促使我们在支离破碎的文化细节和内容中探寻更深层次的文化内涵。把握三国文化的根源本质，有助于我们对文化传播与再生产中千差万别的现象进行区分和评价。

那么，什么是三国文化的精神呢？窃以为，以《三国演义》为代表的三国文化精神主要体现在四个“义”上，即：

保国安邦、兴利于民、致力为公求统一的国家大义；

勇猛忘躯、知恩图报、生死不渝守信诺的英雄侠义；

修身忧国、廉洁恤民、鞠躬尽瘁酬知遇的士人忠义；

肝胆相照、患难相随、色利不动唯忠贞的兄弟情义；

在中国历史上，三国文化以包容开放的文化形态，不断被创新和改写，但始终延续着上述的精神。以此来反观三国文化跨界传播与再生产的成果，答案就一目了然了。

比如，学界争论的电视剧新《三国》的问题。新《三国》一改从前蜀汉为主线的视角，换以曹操为主视角的叙述方式，同时有“陈宫，我爱死你了”这样的雷人台词桥段，以及略显娱乐化的剧情。但不得不承认，新《三国》体现了三国文化的精神，从曹操、刘备、关羽、诸葛亮等人物的身上，国家大义、英雄侠义、士人忠义、兄弟情义被充分展现。从这个角度来讲，电视剧新《三国》是一部佳作。

基于以上的认识，笔者从2000年到2017年之间大量的无头绪的文献中选取了四个主题来分别进行学术研究的综述：

第一章为“《三国演义》英译研究”。《三国演义》的英译是跨文化传播和全球化的代表，分为译本概况，2000—2007年的研究，2008—2010年的研究，2011—2012年的研究，2013—2017年4月的研究五个部分。

第二章为“三国相关影视研究”三国相关影视作品是媒介传播的代表，分为电影《赤壁》研究、电视剧研究、“易中天现象”研究和其他三国相关影视作品研究四个部分。

第三章为“三国相关游戏研究”。三国相关游戏是娱乐化和再生产的代表，分为《三国杀》游戏相关研究和《三国志》《三国群英传》及其他游戏研究两个部分。

第四章为“三国相关旅游研究”。三国相关旅游是再创造和整合传播的代表，包括四川、湖北及其他省份在三国旅游业中的地位、现状及发展三个部分。

由于笔者的水平有限，相关论述属个人浅见，书中难免有疏漏之处，恳请各位行家不吝指正。本书的出版要特别献给成都武侯祠博物馆（全国三国文化研究中心），感谢其对本人成长的莫大帮助。

目　录

第一章

《三国演义》英译研究

第一节

译本概况：从节译到罗慕士经典版本的出现

《三国演义》是中国的《伊利亚特》，在中国的五部古典小说中位列第一。此书不仅以叙事史诗的笔法描绘历史事件，既有教育意义，又有极强的娱乐性；而且成功塑造了众多典型人物，治军将帅，治国谋士，忠孝义士，背义政客，个个栩栩如生，令人难忘，他们的故事历经 5 个世纪而不衰。罗慕士的译文超级优美，富有学术性。在未来的多年里，此书将给西方读者带来阅读的愉悦和魅力。

——余国藩

诚如《三国演义》节译者之一的杨宪益先生强调的，翻译是架起对外推介文化的桥梁，从而使伟大的文学作品成为全人类文明的共同财产，促使不同文化间的交流与对话[①]。那么，这样的桥梁是怎样被搭建起来的？中国人的精神世界是怎样一步步展现在西方读者眼前的？这正是本节要讨论的问题。

一、节译尝试[②]

（一）赤壁之战

众多节译者何以青睐赤壁之战？“赤壁之战”是《三国演义》整本书的精华章节，赤壁之战形成了“三国”的雏形，从赤壁之战也能够以小见大地了解全书，以此作为不熟悉三国文化的英语国家读者的“三国”初印象再好不过。这是原因之一。原因之二，激烈的战争场面和三国英雄的权谋智慧能够吸引大批的读者，具有很强的可读性：

帕克（Z. Q. Parker）节译《三国演义》第四十二回至第五十回赤壁之战的故事，命名为《三国志：赤壁鏖兵》[③]，连载于 1925 年上海艺术与技术有限公司出版的《中国科学美术集志》第三卷第 5、6、7、8 号。

杨宪益、戴乃迭（G. B. Tayler）节译《三国演义》的第四十三回至第五十回，命名为《赤壁之战》，载入北京外文出版社 1962 年出版的《中国文学》杂志。

张亦文节译《三国演义》第四十三回至第五十回赤壁之战的内容，命名为《三国演义精华》，1972 年由香港文心出版社出版。1985 年由北京外文出版社再版。

（二）英雄与奇人异术

节译中选取了诸葛亮、关羽、华佗三个人物，这三个人物反映了英

① 李洁. 杨宪益的翻译思想研究，《理论界》，2012（9）：112-113。

② 此部分参考国家图书馆王丽娜、杜维沫老师《〈三国演义〉的外文译文》中英译文的条目。王丽娜，杜维沫：《〈三国演义〉的外文译文》，《明清小说研究》，2006（4）：70-85。

③ 全文共四篇：《刘备联合孙权》《刘备会周瑜》《孔明周瑜定立破敌之计》《借东风》. 上海商务印书馆，1926。

语世界读者的英雄情结和对奇人异术的浓厚兴趣，同时传达了译者对三国人物的崇拜之情：

司登得（G. G. Stent）倾慕诸葛亮的智慧、勇敢与忠诚，他节译了《三国演义》中诸葛亮的故事，命名为《孔明的一生》，连载于《中国评论》第 5 卷(1876-77)、第 6 卷(1877-78)、第 7 卷(1878-79)、第 8 卷(1879-80)。

马顿斯（F. H. Maltens）在《中国神话故事集》(纽约：斯托科斯出版社，1921 年）里节译了《三国演义》中关羽的故事，命名为《战神》。

翟林奈（L.Giles）节译了《三国演义》中华佗的故事，命名为《华陀传》，收入 1938 年伦敦约翰默里出版社出版的、由贾尔斯编译的《中国的不朽长廊》一书。

翟理斯（H. A. Giles）在其译著《古文选珍》[①]中节译了关羽的故事，命名为《战神》，并在其另一部译著《中国文学史》[②]中节译了《三国演义》中华佗的故事，命名为《华医生》。

（三）传奇故事

外国译者对故事的选择，一方面基于上述的英雄情结、奇人异术等原因；另一方面则选择了他们所认为的富有古代中国元素的内容，如异姓结义、宦官专权等，以满足读者的猎奇心理：

卜舫济（F. L. Hawks Pott）节译了《三国演义》第二十九回“小霸王怒斩于吉”、第四十一回“赵子龙单骑救主”、第四十六回“用奇谋孔明借箭”，取名为《三国选》，发表在了《亚东杂志》上。

杰米森（C. A. Jamieson）节译了《三国演义》中草船借箭的故事，命名为《诸葛亮与箭》，在 1923 年于上海出版的《皇家亚洲学会华北分会杂志》上发表。

翟理斯（H. A. Giles）在其译著《古文选珍》[③]一书中还节译了“十常侍”专权的故事，命名为《宦官挟持皇帝》。

斯蒂尔（Rev. J. Steele）译作《第一才子书三国演义第四十三回》，

---

① 由上海别发洋行出版，初版于 1848 年，再版于 1922 年。

② 纽约 D. 阿普尔顿出版社出版，初版于 1900 年，再版于 1923 年。

③ 由上海别发洋行出版，初版于 1848 年，再版于 1922 年。

副题为《舌战》，1905 年由上海长老会出版社印刷出版[①]。

卫廉士（S. W. Williams）译《三国演义》“桃园三结义”的故事，命名为《三结义》，载《中国丛报》1849 年版第 18 期。

汤姆斯（P. P. Thomas）节译了《三国演义》第一回至第九回，命名为《著名丞相董卓之死》，于《亚洲杂志》[②]发表。

阿兰特（C. Arendt）译《三国演义》第四十一回“赵子龙单骑救主”、第四十二回“张翼德大闹长坂桥”、第一百零八回“丁奉雪中奋短兵、孙峻席间施密计”等情节，载《北京东方学会杂志》1886 年第 1 期及第 2 期。

（四）诗歌、爱情与宗教哲学

外国译者的关注点深受译入语浪漫文化的影响，其中令人印象最深刻的当数邓罗[③]所节译的吕布、董卓和貂蝉的三角爱情悲剧：

邓罗（C. H. Brewitt-Taylor）节译《三国演义》第八回“王司徒巧使连环计，董太师大闹凤仪亭”，命名为《深谋的计策与爱情的一幕》，载《中国评论》第 20 卷。

德庇士（J. F. Davis）作为英国著名的汉学家，在其 1829 年的著作《汉文诗解》中译有《三国演义》书中的咏史诗若干。

沃纳（E.C.Werner）在其由河北献县出版社出版的《中国宗教信仰与哲学观点通史》（1927 年）一书中，有涉及《三国演义》星象、法术、哲理与宗教的五段文字（第 77 课）。

（五）罗慕士的长篇节译

罗慕士（Moss Roberts），也就是后文提到的经典全译本的译者，其根据北京人民文学出版社 1972 年版《三国演义》，选择了原书主要章节[④]

① 书中附有《三国演义》第四十三回“诸葛亮舌战群儒，鲁子敬力排众议”汉字全文。

② 分别载入《亚洲杂志》第 1 辑第 10 卷（1820 年 12 月）、第 1 辑第 11 卷（1821 年 2 月）、第 1 辑第 12 卷（1821 年 3 月）。

③ Taylor 被国内译作邓罗和泰勒两个名字，本书中邓译本和泰译本为同一译本。

④ 包括第 1 回、第 20-29 回、第 34-44 回、第 46-52 回、第 60 回、第 63 回、第 73-78 回、第 80-81 回、第 83-85 回、第 95 回、第 103-104 回。

进行翻译，命名为《三国：中国的壮丽戏剧》[①]。这一节译本原本只为用于教学，但这一翻译尝试无形中成为了后来全译本的雏形。

二、邓罗与第一部全译本

邓罗，1857 年出生于英国金斯敦，先后毕业于英国皇家医学院和格林威治皇家海军学院。邓罗与中国的结缘源于其在格林威治皇家海军学院时期所认识的一批清政府留学人员。1880—1920 年的四十年间，邓罗长期在中国工作，对以《三国演义》为代表的中国文化产生了浓厚兴趣，并在翟理斯的影响下开始了对《三国演义》的评论和翻译工作。1900 年，义和团运动中邓罗刚刚完成的手稿被烧毁，导致这一译本 25 年后才由上海别发洋行出版。

邓译本的价值主要有以下三点：一是文化传播作用。邓罗所处的翻译时期是清朝末期，作品受众以在华侨民为主，邓罗模糊简化的翻译方式极为有效地促成了这一传播目的。二是素材提供作用。邓译本之所以在出版后受到高度好评，很大程度上在于学术界、文化界、出版界认为邓罗为他们提供了理解中国的直接素材和研究材料。三是译本的先行作用[②]。较四大名著中的其他三个译本《红楼梦》[③]《水浒传》[④]《西游记》[⑤]邓译本要早约 50 年甚至更多。

三、罗慕士与经典全译本的产生

罗慕士，1937 年生于美国纽约。1960 年于哥伦比亚大学（纽约）英文硕士专业毕业，获得硕士学位。随后，罗慕士又于哥大攻读中文博士，

---

① 译本中附有地图四幅和普林斯顿大学所藏清初刻本的插图四十四幅。

② 第三个观点参考陈甜老师对罗译本的评价。陈甜：《三国演义》邓罗英译本的再评价. 中州学刊，2013（9）：162-165.

③ 由杨宪益、戴乃迭于 1974 年翻译并由外文出版社首次出版。

④ 登特杨父子（John and Alex Dent-Yong）合译的《水浒传》120 回本由香港大学出版社于 1994—2002 年推出。

⑤《西游记》由余国藩翻译，于 1977 年由芝加哥大学出版社出版。

并于六年后获得博士学位。1976 年，上文中所提到的罗慕士所译的《三国演义》节译本由潘塞恩图书出版公司出版。1981 年，杨宪益先生提出“熊猫丛书”的构想，希望翻译中国的文学经典作品。1982 年，罗慕士受邀访华，开始进行《三国演义》的全文翻译。1984 年，加利福尼亚大学出版社与外文出版社达成了共同出版《三国演义》英译本的协议。1991 年，罗译本《三国演义》在英国出版。

罗译本的价值主要有以下两个方面：一方面，罗译本《三国演义》扮演了改革开放中文化使者的角色。罗慕士所处的翻译时期正是改革开放的初期，中国迫切地需要向世界传播中国文化的精神，并期待西方的积极回应与交流。另一方面，罗译本在翻译方面精确地传达了中国文化的意象，从书后的 79 页后记和 1120 条注释可以看出，罗译本采用异化的翻译策略，有着传递异质风味的目的。学界对于此方面有大量的论述，下文中笔者将一一评论，在此不再赘述。

第二节

2000—2007年的研究：关注文化传播与翻译技巧

一部华丽辉煌的全新译本。译笔精妙，对话自然；战争描写，尤为生动，遣词精当，行文高雅。译本之美奂，毫不亚于原著之绝伦。

——白芝

2007 年及之前是《三国演义》英译研究的起始阶段，但如今看来在起始阶段的研究并非比当下研究略逊一筹，相反，学者们都没有人云亦云或限于一隅，其间涌现了很多被后来者多次引用的经典文章。这一阶段的研究主要关注三个方面：一是对待文化差异时采取以源语文化为出发点的异化翻译策略（而这也是受到了当时日益兴盛的中外语言文化交流的影响），二是从译者出发的翻译技巧与目的，三是译本概况及对比评价。

《三国演义》翻译中异化翻译策略的采用，为译入语读者提供了更多的文化接触点，这种异质性的保留同时也为两种文化的融合、吸引创造了机会。贺显斌老师最早关注这个问题，并有突破性的论述。当然，孙静艺、王伦[①]两位老师通过对尊谦语翻译的研究，进一步验证了此结论。

贺显斌[②]老师分析了罗译本中对汉文化因素的翻译，认为罗慕士采用的是以源语文化为出发点的异化翻译，但这样的翻译手法与当时普遍使用的归化翻译有极大不同，甚至可以说是相反的。以此为出发点，贺显斌讨论了一个关键的问题，即多元系统论对翻译策略解释的局限性。20 世纪的 20 年代到 30 年代，我国翻译领域存在两种不同的观点，有的学者认为应该直译，以保留原著中最真实的意思；另一部分学者则主张意译，使文章更加生动形象，便于理解。进入 20 世纪 80 年代以后，要是对经典著作有异化翻译的话，则通常情况下还会有归化翻译的另一个版本，反之亦然。以此就推翻了多元系统理论，因为该理论指出，在一个确定的文化中，对翻译的策略的选择会趋于单一，要么是归化，要么是异化。贺显斌通过分析，得出了这样的结论：不管是在哪个历史时期，哪种社会文化中，源语和译语是同时存在的，作为两种翻译的策略，一种会逐渐流行，成为主导，而在它们交替主导的较短时间内，两种策略是均衡的。从多元系统理论来看，其主要是基于这两种文化在客观上的地位来阐释对翻译者的作用，并没有考虑到人的主观能动性，所以对

---

① 孙静艺，王伦．异化策略在文化翻译中的成功应用——以《三国演义》Roberts 全译本中尊谦词的翻译为例[J]. 重庆交通大学学报：哲学社会科学版，2007（6）：114-129.

② 贺显斌. 文化翻译策略归因新解——以《三国演义》Roberts 全译本为例[J]. 天津外国语大学学报，2003（10）：1-6.

一些现象不能给以很好的解释。从社会文化的角度来看，可以充分利用文化态度说，以及前面所论述的多元系统理论；从翻译者的角度看，要了解其目的、读者需求、读者评价，以及译本规范、思维方式、写作风格等。贺显斌的论述以小见大，让我们重新思考，归化与异化、源语取向和译语取向的关系，同时凸显了翻译文化环境下译者的主观能动性和个体行为及其他因素的影响。

由于译者对于源语的直接引入，文章通常会呈现出文化杂含的特点。卢淑梅①老师认为文化杂含表现为：人名、地名、兵器、俗语、典故等。她对罗慕士的翻译策略进行分析，鉴于东西文化的差异性，指出罗慕士主要采用了背景交代法、音译法、加注法等，并得出以下结论：文化杂含能很好地促进国家之间的文化交流；异化使得民族文化在一定程度上重新进行了组建，使得世界文化更加多样，在对那些拥有较多文化信息的文章进行翻译时，异化是个不错的选择。

如果我们进一步讨论语言和文化在翻译中的关联就会发现：语言依附于文化，如《三国演义》中用到“围魏救赵”这一词，而“围魏救赵”本身是依附于文化术语所包含的文化意义的。

《三国演义》里有一定数量的文化术语，如“背水一战”“兼弱攻昧”等。张浩然、张锡九②两位老师指出，文化环境能够约束语义的理解以及结构的使用，文学作品里的联想语仅能被具体文化环境背景下的读者所理解。在对这些文学作品进行翻译时，丧失了文化的环境背景，因而出现表面上相同却失去了其特殊文化意义的译文。两位老师强调，翻译是文化交流必不可少的程序，是语言的转化，也是文化的转移。在对文化术语进行翻译时，一方面应该尽量地保留原著中的文化特征，另一方面也要让读者能够理解。罗慕士根据不同的情境，灵活地运用相适应的表现手法，将原著中想要表达的意思充分地展现了出来。

---

① 卢淑梅. 从 Moss Roberts《三国演义》英译本看翻译中的文化杂含[D]. 河北大学英语语言文学硕士毕业论文，2007：3-6，42-43.

② 张浩然，张锡九. 论《三国演义》罗译本中关于文化内容的翻译手法[J]. 上海大学学报：社会科学版，2002（9）：55.

根据张浩然、张锡九的总结，我们还可以从译入语读者的角度作进一步的思考，文化术语的翻译对于读者来说，其实是语言本身——语用联想意义——文化环境构建——激活文化伴随意义的过程，这一过程中，替换译入语文化中类似的文化环境或选择更多的解释方法来达到对源语文化伴随意义的激活，这是译者所要灵活选择的关键所在。

“文化”这一具有深刻含义的名词，是一个民族历经时间的洗涤，在历史发展过程中，不断地积累及沉淀，逐渐形成的一种价值取向。张晓红和冯奇[①]两位老师认为，语言是文化的载体，对语言进行转换一般比较直接且表面，但是对文化进行转换则是间接的，并且是深层次的，即语言和文化在形式上不是对等的。通常情况下，语言的概念和具体的文化背景并不能很好地融合在一起。因此在对语言进行转化的时候，就可能会因风俗、历史等的不同，造成对文化的理解不充分。两位学者强调，用何种翻译手段，要根据翻译的目的决定。

充分地认清翻译的目的，在很大程度上缓和了直译与意译两者之间的争论。张晓红[②,③]老师用翻译目的以及信、达的标准给予了两个译本相应的评价。她指出邓罗将《三国演义》翻译成了英文，主要出于个人意愿，是为了将原著的内容原生态地展现给读者。而罗慕士的翻译，主要是为了让外国读者能够拥有中国人的思维方式，从而可以深刻地理解中国。不得不说，张晓红所选取的例子十分恰当，虽然字面意义是动植物，但在语境中能够体现中国人物的精神意义。例如“玄德有龙凤之姿，天日之表”这一句中对“龙”的翻译；“玄德视其人，松形鹤骨，器宇不凡”这一句中对“松”的翻译。

《三国演义》中“数合”这个词汇共出现了62次，其中意译39次，

① 张晓红，冯奇. 从《三国演义》回目的翻译看文学作品中文化意义的转换[J]. 上海大学学报：社会科学版，2005（6）：89-93.

② 张晓红. 翻译目的——评价翻译质量的辅助标准——评《三国演义》两个英译本的翻译质量[D]. 上海：上海大学，2006.

③ 张晓红. 从《三国演义》的不同英译本来看翻译目的对翻译质量的影响[J]. 南京工业职业技术学院学报，2007（3）：39.

直译 23 次。曾晓光[①]老师对此进行了一定的研究。赵常玲[②]老师意识到，罗慕士在翻译时，最大限度地将人的主观能动性表现了出来，让外国读者通过阅读译文能够感受到原文的作者以及注释者想要表达的思想内涵，达到所谓的“视界融合”，使原文和翻译对等。众所周知，译文绝对不会完全地保留原文的意思，因此采用哪种表达方式，就要根据翻译者自身的意愿来决定了。一般来说，译者在进行翻译的时候，一方面要保证原文的真实内容，另一方面又要考虑译文读者的理解能力。在译文和原文能够较为对等的前提下，让读者领悟到文章想要表达的深层次含义。

张智中[③]老师对《三国演义》开篇词中五个细节的翻译进行了研究分析，具体为“浪花淘尽英雄”“长江”“转头空”“青山依旧在”“惯看秋月春风”。

在对名著进行翻译的时候，翻译人员扮演什么样的角色？对这一问题国内外相关学者传达的声音不尽相同。研究者主要关注一个较为理想的翻译人员职责，要尽量地达到客观要求，但忽略了其主体地位，没有充分意识到，任何人在翻译的时候，都会或多或少地加入自己的主观色彩。张彩凤[④]老师认为对文学作品进行翻译，是有一定目的的，其跨越了地域的限制，进行不同文化的交流，而翻译人员正是该活动的主体。民族的不同，产生了不一样的生活方式、习俗、传统，其主观的感受因此有了差距。为了使文化能够进行充分交流，翻译人员可以采用异化或归化的策略，这就对翻译人员提出了更高的要求，一方面要对两种语言十分熟练精通，另一方面还要对两国的文化有全面的了解。

诚如高华[⑤]老师指出的那样，罗慕士的译本之所以被广为接受，很大

---

① 曾晓光. 试论罗慕士译《三国演义》对“数合”的翻译及问题[J]. 西华大学学报：哲学社会科学版，2007（4）：82-85.

② 赵常玲. 文学翻译中译者的主体性——罗译《三国演义》研究[D]. 北京航空航天大学硕士毕业论文，2004.

③ 张智中.《三国演义》开篇词英译之比较[J]. 商丘师范学院学报，2004（6）：176-178.

④ 张彩凤. 论译者主体性及其在《三国演义》英译本中的体现[D]. 内蒙古大学外国语言学及应用语言学硕士毕业论文，2006.

⑤ 高华. 从罗慕士《三国演义》译本看译者主体性[D]. 苏州大学外国语言学及应用语言学硕士毕业论文，2007.

程度上是因为其对主体性的理性发挥。在“文化转向”诞生，以及文化派出现以后，对翻译的研究就不再仅仅停留在语言学的层面，而是对译者的主体地位以及文化身份更加重视。高华对译者的主体性进行了深层次的研究与探讨，目的是让翻译人员能够充分地认清自己的角色，他提出了一个辩证统一的论断。这里的辩证统一其实是一个度的问题，罗慕士译本的成功在于主体性的发挥，而这种主体性应该是合理的、适度的、恰当的。

相关学者对我国古典名著里面“半”的翻译进行了分析讨论。刘洪泉、刘秋红[1]两位老师发现，在《三国演义》中，该字使用了 62 次，最多的是作为数词使用，出现了 28 次；其次就是作为量词使用，出现了 25 次；此外还有 9 次作为副词使用。

罗慕士别出新意，创新了翻译的手法，张煜、田翠芸[2]两位老师指出，翻译人员不仅要对原文进行解读，而且更需要做的是全方面地给以考虑，这里面最需要重视的就是对两个不同国家不同文化的深刻理解。英语相对来说是比较直白的，不像汉语那样含蓄，并且这两种语言所对应的文化系统也是不一样的。如果追求译本的成功，译者就要灵活地变通，对哪些要增译，哪些要减译，以及哪些应该采用归化或者异化的策略，都需要认真地琢磨考虑。

在早期，王丽娜、杜维沫两位老师撰写的《<三国演义>的外文译文》[3]曾经被相关领域的学者多次引用。他们对十七种语言的译本进行了阐述，例如拉丁文、英文、俄文、日文、朝鲜文、泰文等。在文章的末尾，作者指出：由前面对多个译木的讨论分析，可以看出《三国演义》已经在全世界的范围内传播开来，受到世界各国读者的喜爱。

对罗慕士的翻译手法，张浩然[4]老师总结了其优点：首先，根据不同

---

① 刘洪泉，刘秋红．一知“半”译——中国古典四大名著英译“半”字赏析[J]．上海翻译，2005（4）：66-69.

② 张煜，田翠芸．从《三国演义》英译本看译者的创造性[J]．河北理工大学学报：社会科学版，2007（2）：156-159.

③ 王丽娜，杜维沫．《三国演义》的外文译文[J]．明清小说研究，2006（4）：70-85.

④ 张浩然．《三国演义》罗译本评析[J]．福建外语，2001（1）：49-54.

的语境，灵活地对词语进行翻译。其次，原著人物形象塑造十分成功，充分表现出不同人物的性格特点，经过翻译以后仍然栩栩如生。再次，罗慕士很重视语体。

对翻译者和原著作者因生活时代不同而表现出的语体差异，潘演强、谢先泽[①]两位老师借用“假象等值”的概念进行了分析阐释，主要从叙述体、对话体和公文体这三个方面对《三国演义》的泰译本和罗译本进行了比较。

① 潘演强，谢先泽．从文学文体学视觉比较《三国演义》的泰译本和罗译本[J]．科技信息，2007（27）：436-438.

第三节

2008—2010 年：翻译理论与词的研究

三国文化包含着中国人精神的一部分，从《三国演义》入手，很容易进入到中国人的精神领域。

其中的人物和故事之所以一直在中国人民中间流传不衰，就因为这些人物和故事所表现的精神与中国的传统文化是密不可分的。

——罗慕士

2008—2009年，研究者开始由宏观走向微观，最明显的例子就是对词的研究，包括衡量词、容量词、长度词、职官名等。同时，用某一理论来解释和看待译本的研究也开始出现，如关联理论、解构主义、文化杂含等，但鉴于文章篇幅和理论文本结合等诸多因素，这方面的分析研究还有很大的进步空间。

《三国演义》英译的研究应当注意理论与文本的结合，如果是生搬硬套，则很难具有说服力；同时，如果撰写目标是一篇期刊论文，囿于篇幅的限制，在极小的篇幅里讨论一个如此宏大的理论联系实践的问题，难免会显得空洞。

骆海辉[①]老师评述了1999—2009年《三国演义》的翻译情况，他首先简要回顾了《三国演义》英文与非英文翻译的概况，认为在文化全球化的发展过程中，罗慕士的翻译版本有较大的影响力。在世界文化相互融合的今天，罗慕士也为我国创造了有利条件，使得传统中华文化走出国门，得到其他国家的认可，并在全球文化交融的沃土里不断发展壮大。他最终希望探寻出一种既将原著特点完美呈现，又能把我国传统文化精妙地展现给国外读者的方法。值得一提的是，骆海辉指出，下一步研究的重点是"梳理罗慕士英译《三国演义》的实践，探讨汉语文化词汇翻译的得失，比如，成语、骂词、官制、官职、官称等英译问题"。从之后的研究可以看出，骆海辉的预期是十分正确的。

从关联理论翻译观的角度出发，张琳瑜、吴熹[②]两位老师仔细剖析了《三国演义》的翻译手法：一是补充法，为了给外文读者提供理解上的便利，简单说明国外少见的习俗，达到传播原文语境的目的；二是省略法，将一部分难以理解的意象，经过推敲，在确保不破坏文章结构的基础上，不作翻译，从而使读者省去无用的猜想；三是直译加注，让翻译出来的文章与原著表述同样简单得体；四是转化法；五是解释性翻译；六是对

① 骆海辉. 最近十年国内《三国演义》英译研究评述[J]. 文教资料，2009(6)：33-35.

② 张琳瑜，吴熹. 基于关联理论视角看《三国演义》的翻译策略[J]. 江西教育学院学报（综合），2009（6）：101-104.

文化隐含的翻译处理。黄粲[①]老师从文化方面探求了罗慕士译本的特色与得失。在罗译本中，为了向外国人准确表达我国传统文化的精髓，对官制、具有代表性的动物、古典词语等，根据语境采用了意译或者直译的方法。但是，国外读者对我国传统的认知程度参差不齐，译者偶尔会对其认知程度产生过高的估计，致使译文难度有高有低。不过，从全局角度出发，罗慕士基本实现了把我国古典名著和传统文化展示给世人的目的。

建立了《三国演义》邓罗和罗慕士的英语全译版本的全文平行语料库之后，潘潇祎[②]老师用定量与定性相结合的方法，以描述的方法为手段，把平行语料库的中、英文文本段落层面对齐，将文章中的职官名称翻译作了对比分析。仔细探讨了原著里人物职位官衔的英文翻译情况。研究表明：一是不同版本里出现了不同类型的官位，其数量也不相同；二是为让译本受众对小说的认识更加透彻，翻译人员乐于将交际翻译和语义翻译综合运用到这些内容的传意上；三是译者充分考虑了译本受众的认知水平。付臻[③]老师从解构主义的观点出发，发掘翻译时语言模糊性的运作方法，以罗译本为样板，研究解构主义是如何诠释模糊语言翻译的。他依据不同特点区分原著里的角色，把经典人物作为例证逐一剖析。

曾晓光老师在2008—2009年连续发表了四篇论文[④,⑤,⑥,⑦]，分别研究罗译本的衡量词、容量词、长度词，以及由“兵贵神速”看汉英词典

① 黄粲. 罗慕士英译《三国演义》研究：聚焦文化映像[D]. 福建师范大学英语语言文学硕士毕业论文，2009.

② 潘潇祎.《三国演义》罗译本与泰译本中职官名称英译研究[D]. 大连海事大学英语语言学硕士毕业论文，2009.

③ 付臻. 解构主义视角下汉语模糊性的英译处理——基于罗慕士译《三国演义》的个案研究[D]. 中南大学外国语言学及应用语言学硕士毕业论文，2009.

④ 曾晓光.《三国演义》罗慕士译本对衡量词的英译问题[J]. 哈尔滨学院学报，2009（6）：132-135.

⑤ 曾晓光. 罗慕士译《三国演义》对容量词的英译及问题[J]. 内蒙古农业大学学报：社会科学版，2008（1）：323-325.

⑥ 曾晓光. 罗慕士译《三国演义》对长度词的英译及问题[J]. 河北科技师范学院学报：社会科学版，2008（3）：75-80.

⑦ 曾晓光. 成语“兵贵神速”的英译与汉英词典的不足[J]. 辽宁工程技术大学学报：社会科学版，2008（2）：193-195.

的不足等内容。曾晓光发现了其中的一些问题，如《汉英综合大辞典》包含“兵贵神速”的22种译法，而罗译本只用了5种；又如“长度”词的翻译因“归化”“异化”的徘徊而显混乱，同时换算为英美制计量单位时有错误。必须指出的是，曾晓光给出了一个较为妥当的解决办法，即在译本最后附上汉英度量衡对照表，并附上公制。然后采用直译的办法，让读者自己在附录中查询。如“千斤之力”可英译为：“one thousand jin of strength。”

为了对《三国演义》的英文翻译版本作互文性角度分析，巫丹[①]老师将其中的文化内容分为物质、制度、心理三种文化，从这些方面出发，剖析了罗慕士在互文符号上的传意要领。

罗译本在现代英语词汇的基础上，用古旧词加以辅助以体现古老的意境。这些古旧词源自英语词、拉丁语词、法语词，如英语古旧词 morrow、foe，法语词 perish、reconnoitre，拉丁语词 decimate、circumspect 等。罗慕士从语法角度，努力避免原著古典韵味的遗失。汉语用词序表示语法关系，句子组成间具有隐蔽的关系，是一种孤立语。英语的语意与句子关系为密不可分的整体，具有语法范畴的形态标志，是屈折语，句子成分之间的联系一般是显性的。所以，较英语而言，汉语语句主要是简单句，复合句较少。古代汉语的这个特点更加明显，句法十分简单明了，与复杂的英语句法迥异。因此，罗在翻译时没有狭隘地仿照中国古汉语特点，而是从整体上把握原著语言的基础，并与英语习惯相融合，采取一些有效手段，例如通过减少单词个数、缩小语句长度、减少复合句式、寻求结构简约等做法，确保了翻译出来的文章具有非凡的文艺属性。另外罗慕士还使用了对偶句式、摹写艺术形象的做法。基于以上研究，夏廷德、夏飞两位老师[②]强调：在翻译古典名著时，体现原著措辞的雅致，是具有可行性的。只需依照高雅古典而生冷做作的标准，根据语境使用部分古代词句，就既可以让文章古色古香，又不会让读者觉得晦涩难懂。

---

① 巫丹. 从互文性角度看《三国演义》英译本中文化内容的翻译策略[D]. 天津理工大学英语语言文学硕士毕业论文，2009.

② 夏廷德，夏飞. 论典籍翻译古雅韵味的补偿——以《三国演义》罗伯茨译本为例[J]. 辽宁大学学报：哲学社会科学版，2009（7）：71-75.

另外要明确理解语种之间的区别，求同存异；重在从宏观上捕捉古代语言的特征；充分发掘目标语言中的词句，让古文气息在当今作品中复活。孟丽[①]老师认为，从文化交流的观点考虑，译文保留原著中的文化意向，有助于认识和学习我国的传统。董国栋[②]老师运用文化翻译理论分析罗译本。结果表明，文化是可译的，他同时指出，把文化翻译理论作为重要的理论进行分析已经变得尤其重要。

中外的语言学家和翻译工作者的翻译贡献让今后的翻译工作有章可循，张焰明[③]老师举例论证了国内外的语言学家和翻译工作者相互帮助的正确性：中国学者掌握在传统文化背景下原著的脉络和意韵，外国学者负责目标语的展现方法。有一点值得注意，在当今文化多元化竞争的时代，如果目的是要传播中华文化，我国的翻译人员必须增强双语功底，不断把经典“译出”给世界。

在解析了译者对读者的考虑、翻译目的及使用的原则后，卢淑梅[④]老师强调：上述三方面彼此牵制，互为前提。因此，翻译成果会展示出文化的杂合性。李淑杰[⑤]老师意识到，翻译不但包含两种语言的转译，还有两种文化的互补。作为西方翻译学者的罗慕士，摒弃了将一种方式用到底的局限，向读者精准地传递了原著内容，并努力使原著中的民族特色体现出来，在忠于原著和方便读者中找到了最好的平衡。所以，总结整理罗译本中翻译传统文化内涵的要领，并对其应用的环境和优缺点加以剖析，能够激发人们对传意规则和方法的思索。翻译策略理应成为一种开放体系，这样才可以让中国传统名著中的万物观点、生活哲理、性格

---

① 孟丽. 论《三国演义》罗译本中文化意象的翻译[D]. 宁夏大学英语语言文学硕士毕业论文，2009.

② 董国栋. 从罗慕士<三国演义>英译本看文化的可译性[D]. 哈尔滨工程大学英语语言文学硕士毕业论文，2009.

③ 张焰明. 典籍翻译理解的启示——从《三国演义》翻译中的理解谈起[J]. 韩山师范学院学报，2009（4）71-77.

④ 卢淑梅. 译本文化杂合的理论依据——从《三国演义》罗译本获得的启示[J]. 邢台学院学报，2008（12）：79-81.

⑤ 李淑杰. 典籍英译中传统文化内涵的翻译策略[J]. 辽宁工业大学学报：社会科学版，2010（2）：63-66.

涵养等，在西方世界里获得较为精准的展现和接纳，让国外的读者感悟到我国文化的思想内涵。

就《三国演义》中人名的英译问题，刘兆林①老师从归化和异化的角度进行讨论，认为异化与归化两种方法的使用是没有对错之分的，关键在于对“度”的把握。翻译者需要根据文学环境和翻译目标选取适当的办法。对于归化法与忠实原则相违背的意见，他认为，尽管归化法用英语中特有的表述形式代替了原著中本文化特点的体现，没能保存原文用词特点，但最终结果是，读者对译文和原文的认知程度是一样的，所以，这并不是无限制地背离原文。进一步来看，恰当运用归化法，有利于平衡原著与译本受众间的关系。在传意小说人名时，无论是归化法还是异化法，只要能够让读者接纳承认，都算作是有实操性的方法，这样也实现了翻译的终极目标。

译者自身的意识形态、翻译目的、翻译方法、对原著的认知与阐释过程、个人能力等影响着传意过程中的主体性。赵丽丽②老师运用译者主体性的有关原理研究罗慕士的译本，从而探寻译者的主体性对翻译结果的引导作用。她介绍了《三国演义》及其翻译活动情况，探寻了不同时期翻译人员地位的改变，并因此说明了译者主体性有关结论的起源。

“功能相符，意义相似”是张焰明③老师用社会符号学研究张亦文和罗慕士的两个翻译版本得出的结论。原著里有些句子表面意义很好表述，语用意义次之，不过表述蕴含的言外之意就比较困难。这是由于语言体现了民族长时间形成的习惯，这种习惯在不断进行文化的对话与融合中并没有太大变动。罗慕士注重表述语言的内在含义，在措辞和文化上努力忠于原文，尽管在所指意义、言内意义和语用意义上原文和译文字数一致的概率是很小的，这就要做到选择最有用的意义，即语用意义。当

① 刘兆林.《三国演义》中人名英译研究——从归化和异化的角度[J]. 电子科技大学学报：哲学社会科学版，2010（4）：88.

② 赵丽丽. 从译者主体性角度分析《三国演义》罗慕士英译本[D]. 山西大学英语语言文学硕士毕业论文，2010.

③ 张焰明.《三国演义》的社会符号学翻译法评析——以张亦文和Moss Roberts译本为例[J]. 池州学院学报，2010（5）：93-97.

然，文体类型不同，功能有异，译者要依据事实情况，权衡三种意义，确定先后顺序，并作出选择。

从翻译策略的角度，张建丽、孙启耀[①]两位老师仔细研究了中国古典章回体小说题目的汉译英情况，有以下发现：第一，在汉译英时，把题目的三大功能作为参考依据，把强调信息当作主要计策的方式是可以实践的；第二，在翻译语法结构时，要做到辩证分析原著句式结构，并顺势使用对应的方式，与此同时，要做到同类标题用一样的方法翻译，达到方法应用的同一性。

《三国演义》里包含四百多个成语。蔡小娟[②]老师从功能对等的方面研究罗译本中对成语的转译情况。她将译本中的成语分为三类，认为在功能对等视角下直译是最好的选择，但有时直译会引起某些误解，因此罗慕士采用了许多其他翻译方法，如意译、注释、放大、借用等。

就翻译创造性问题，段艳辉、陈可培[③]两位老师有了新的想法：所在文化环境有差别，使罗慕士在翻译曹操形象时具有创造性，说明其在认知人和事的过程中还是会受美国方式的左右。不过，这也体现出原著本身存有“空白”，给读者想象的空间。由于文化与历史时期的差别，受众的认知角度不一，加上对译文要求的差别，需要翻译人员机动使用各种技巧，做到既保留原作者思想意境又留有读者发挥的余地。这样一来，翻译人员自身的看法就会在译文里或多或少地显示出来，也就产生了“创造性叛逆”。

还是运用平行语料库，张旭[④]老师通过比较英汉两种语言的不同特征，证实了翻译经典名著时传播古风古韵是可以做到而且必须要做到的。研究表明：一是翻译经典名著时需要将原文的古典雅致恰当展现出来；

① 张建丽，孙启耀. 古典小说中章回标题翻译策略的实证研究[J]. 厦门理工学院学报，2010（2）：98-102.

② 蔡小娟. 从功能对等看罗慕士《三国演义》英译本中成语的翻译[D]. 湖南师范大学英语语言文学硕士毕业论文，2010.

③ 段艳辉，陈可培. 罗幕士对《三国演义》曹操形象的创造性阐释[J]. 沈阳大学学报，2010（10）：51-54.

④ 张旭.《三国演义》罗译本中古雅韵味再现的翻译研究[D]. 大连海事大学英语语言文学硕士毕业论文，2010.

二是在罗译本中可以看到，一些传统词语句式与修辞方式相配合，直译与意译互相搭配，这些都有助于转达原文的古风古韵；三是在转译时，语言学家需要深入发掘英语的长处，努力保持原文的古朴与典雅。

关联理论的关键在于语言交际中的"明示—推理"这一过程，当我们谈到"翻译补偿策略"时，必须提到相应的"文化缺省"概念。在翻译《三国演义》时，应考虑到"明示—推理"过程中，文化信息负载量这一关键问题。从这一点来看，康爱霞[1]老师所坚持的适度原则是很有道理的。

骆海辉和姜葵[2]两位老师对罗译本的骂词翻译进行了实例分析，认为：罗慕士不仅让译本受众接触理解了骂词，还把中国人的思维和说话方式传递给了外国读者，不但达到了罗慕士自己的日常教学要求，还给我国的翻译工作提供了范本。罗慕士的骂词翻译，也例证了翻译工作受到翻译目的的牵制和引导。要区分翻译的文本目的与非文本目的，明确文本目的是根本，非文本目的的实现取决于文本目的的实现。文化词汇的跨文化传意是实现文本目的的关键之一。在翻译时，译者要放下逐词逐句相互对应的模式，在分析探讨现有译本时，也不能单从词语表面意义上去衡量用词对错，而是要看译文的最终目的是不是达到了。

骆海辉[3]老师的《<三国演义>罗慕士译本副文本解读》是这一阶段最经典的论文之一。一方面他有着十分详实的资料作为支撑（本章中各节前的评论很多来自这一篇文章中的材料），可见他在研究时必定下过一番功夫。另一方面，骆海辉跳出了翻译研究的框架，他在总结中提到了"传播与接收""英译史""海外中国学"这些词汇，可见他无论是对于《三国演义》译本价值的评价，还是对研究视角的把握，都有超过同一时期（此文发表于2010年）学者的地方。

---

① 康爱霞．关联理论视角下的翻译补偿研究——《三国演义》罗慕士全译本个案分析[J]．兰州教育学院学报，2010（5）：151-153.

② 骆海辉，姜葵．《三国演义》罗译本的骂词翻译研究——以目的论为观照[J]．漳州师范学院学报：哲学社会科学版，2010（3）：116-121.

③ 骆海辉．《三国演义》罗慕士译本副文本解读[J]．绵阳师范学院学报，2010（12）：65-71.

第四节

2011—2012 年：科学的方法与重复的内容

这是一部由罗慕士译成英语的战争史诗，原著忠于史实，译文生动流畅……中国人民自古以来一直以超常的想象力讲述着三国故事……作者的巨大成就……在于将史料编撰与文学虚构完美结合，从而使历史精华与通俗文化相映成辉。

——韩南

2011—2012年，大量的论文，尤其是硕士毕业论文开始出现，其中难免有很多与2011年前的研究相似的文章，其结构多是依据某一理论对罗慕士和邓罗译本的解析及两个译本的对比，得出的结论一般是罗慕士译本较邓罗译本更加完善。而可喜的是，在这一阶段的专著和论文中，学者采用了更加科学的研究方法，如以刘克强为代表的基于平行语料库的《三国演义》习语翻译词典的研编等。

文军、李培甲[①]两位老师做了《三国演义》英译研究现状的分析，将收集的68篇论文分为七类。值得一提的是文军、李培甲把《三国演义》英译研究提升到了文化传播的高度，他们在对研究提出的五条建议中，一方面通过多学科视角、海外办会的方式拓宽研究的广度和深度；另一方面建议关注动漫作品和影视剧（这也是本书所关注的）。最后，两位老师还提出调查《三国演义》译本接受度，考察传播有效性的建议。

从翻译人员对词汇的运用及其翻译的方式策略出发，叶希聪[②]老师充分利用平行语料库对相应的译文进行了分析研究，指出翻译人员在进行翻译的时候，即使对原著中出现的同一个词汇，也会根据具体的语境、具体的场合来进行翻译，采用的策略也是比较灵活的。陈文爽[③]老师将分析对象选定为罗慕士对宗教文化的翻译，他以关联理论尝试性地提出了缺省补偿的策略。

在翻译目的论的研究工作中，张志全、陈晓莉[④]两位老师将罗慕士以及邓罗翻译的《三国演义》进行了比较分析，主要包括故事情节以及文化内容。从而指出，罗慕士以及邓罗在对《三国演义》进行翻译时，展现出了不同的“忠实度”。邓罗的翻译更加灵活，并没有局限于原著中具体的遣词造句，有一定的创新，但在文化传递上不如罗译本做的那样充

① 文军，李培甲. 国内《三国演义》英译研究：评述与建议[J]. 北京第二外国语学院学报，2011（8）：24-30.

② 叶希聪. 语料库辅助《三国演义》战争词语翻译比较研究[D]. 大连海事大学英语语言文学硕士毕业论文，2011.

③ 陈文爽. 基于关联理论视角下看文化缺省的翻译补偿——以《三国演义》中的宗教文化为例[J]. 长春工程学院学报：社会科学版，2011（1）：84-87.

④ 张志全，陈晓莉. 从目的论视角看‘忠实’的度——以《三国演义》两个英译本为例[J]. 重庆交通大学学报：社科版，2011（5）：130-133.

分。张志全、陈晓莉发现，充分性可作为翻译作品的评价标准。

《三国演义》原文中的化形析字，并没有完全地在译本中体现出来。郭艳红、谭兴[①]两位老师指出，罗慕士以及邓罗在进行翻译的时候，都对化形析字进行了尝试。骆海辉[②]老师认为：罗慕士作为汉学专家和译者的双重身份，让他在翻译《三国演义》时比较顺利，且取得了巨大成就，为典籍英译者奠定了良好的基础。

在西方，隐士文化与宗教相挂钩，而在中国，隐士文化则不然，是和政治相挂钩的，这在很大程度上是因为儒道文化的宣扬传播。宋孝廷[③]老师以罗译本为素材，就我国与西方在隐士文化方面的不同进行了深层次的分析研究，从儒道隐逸观看罗贯中《三国演义》中的隐士文化，并结合目的论对罗译本中的隐士文化进行了分析。宋孝廷认为，翻译界应该充分重视隐士文化，让读者能够体会到不同国家在此文化中的不同之处。

文学作品的翻译，是文化不断融合的过程。戈马军[④]老师认为，异化翻译可作为对文化因素翻译的一种补偿性手段，虽然它绝不是唯一的标准，但它能够很好地处理文化资本。戈马军[⑤]指出，罗译本在策略的选取上，以异化为主，尽量地保留原文最真实的面貌，对原著十分忠实，使得源语的文化资本充分地得到了保留。肖晓新[⑥]老师强调，从语境顺应角度来看，诗歌应注意形、意两方面的相互转化、语境的关联程度、时空要素等等。无论哪种因素对翻译效果产生影响，都离不开文化的因素，

---

① 郭艳红，谭兴. 从《三国演义》两个英译本看“化形析字”的翻译策略[J]. 重庆交通大学学报：社科版，2011（2）：140-144.

② 骆海辉. 论典籍英译的译者素质——罗慕士个案研究[J]. 攀枝花学院学报，2011（2）：70-75.

③ 宋孝廷. 论《三国演义》罗慕士译本中隐士文化的传递[D]. 湘潭大学英语语言文学硕士毕业论文，2011.

④ 戈马军. 文化资本视角下《三国演义》罗译本翻译策略研究[J]. 重庆交通大学学报：社科版，2011（6）：137-140.

⑤ 戈马军. 文化资本视角下《三国演义》罗译本翻译策略研究[D]. 重庆大学外国语言学与应用语言学硕士毕业论文，2011.

⑥ 肖晓新. 顺应论视角下《三国演义》诗歌翻译方法研究[D]. 广西大学外国语言学及应用语言学文学硕士毕业论文，2011.

对特定的文化所传达出来的意象给以翻译，的确是相当有难度的。此外还要考虑诗歌自身音乐性的特点，翻译出来的作品，也应该有一定的音律美。

《三国演义》原著在语言上具有独特性，主要表现在文白参半、简洁、生动以及四字结构这几个方面。在整部作品中，这些特点表现得十分明显。张焰明[①]老师就罗慕士以及邓罗这两个英文翻译版本，在词汇和句子上进行了比较，从而发现：原著里的这些特点，在翻译中极不容易被表现出来，尤其是在四字结构上。站在翻译者的角度，如果想要强调自身的身份，最有效的手段就是最大限度地保留原著特点。张焰明[②]还对罗慕士以及张亦文的翻译进行了比较，认为张亦文主要采用了归化的策略，罗慕士主要采用了异化的策略。

这里特别要强调，张焰明[③]提到了译本所处的时代背景。众所周知，萨义德的《东方主义》初版于 1978 年，而文中所讨论的张亦文版本出现在这之前，基于这一时期西方对于中国文化的理解，归化的方式再好不过。这样的论述也提醒我们，不要主观臆断地去对比译本优劣。很多学者认为罗慕士版本较其他版本都要好，但事实上，其他译本从它们所处的时代背景来看，或许比罗译本有更大的意义，诚如陈甜老师谈到的邓罗译本、张焰明老师谈到的张亦文译本，它们都在自己所处的时代出色地完成了传意的目的。

或许我们可以借鉴艺术学的观点，名画的意义或者不只它本身，还在于它在美术史上的节点意义，译本亦然。

通过成语的实例分析，沈芸、贺爱军[④]两位老师指出，罗慕士版本的译文，在对翻译策略的选取上并不僵化，并且比较细腻，在保证尽可能详尽的同时，灵活地对译文进行了处理。

---

① 张焰明.《三国演义》两个译本再现原语形式的比较[J]. 九江学院学报：社会科学版，2011（2）：73-77.

② 张焰明. 从接受理论评《三国演义》两个译本的文化传播[J]. 韶关学院学报：社会科学版，2011（9）：143-147.

③ 同上注。

④ 沈芸，贺爱军. 成语文化词翻译策略探微——以《三国演义》罗慕士英译本为例[J]. 浙江万里学院学报，2012（2）：64-70.

邓罗在翻译《三国演义》时，对原著中表现出来的男尊女卑的思想文化并不支持，因而在其译文中，不但淡化了这种男女关系，还对女人的形象进行了重新塑造。陈德用、张瑞娥[①]两位老师认为，邓罗在性别翻译的技巧上，有一定的先锋意识。陈晓莉、张志全[②]两位老师发现，邓罗并不局限于原著，在很多地方进行了省意、意译，甚至对有些内容还进行了改写，并没有完全忠实于原文；而罗慕士主要对原著进行了直译，着意中华文化的传播。黄粉保[③]老师主要探究将不可译变可译的问题。任何一种语言，都承载着独特的文化，因此在对语言进行转换的时候，就会存在一定的障碍。通常情况下，因为文化的不同带来翻译上的困难，就可以称之为相对不可译；对于那些因语言自身特点所致的翻译上的困难，比如说音韵、音律等，就可以称之为绝对的不可译。当然，可以采用一些替代，或者是补偿的手段，以及对那些较为晦涩的内容进行加注解释等，这样就能够在一定程度上减少不可译的程度，让翻译重获新生。赵彦博[④]老师以刘宓庆的翻译美学理论对罗译本进行研究，对译文表现出来的形式上的美感进行了描述及分析。赵彦博在这里主要强调一种美学视角。

从目的论出发，刘洪辉[⑤]老师根据平行语料库，选取了 97 个典故，对罗慕士以及泰勒这两个《三国演义》版本进行对比，研究发现：罗慕士应用了异化的方式，同时较多地进行了直译，尽量反映出了原著的面貌。泰勒则主要是运用归化的方式，意译的地方较多，更多地强调翻译上的灵活性。郝健[⑥]老师对《三国演义》中出现的“朕”这个字的翻译进

① 陈德用，张瑞娥．泰勒对《三国演义》性别称谓体系的解构与重构[J]．天津外国语大学学报，2012（11）：33-38.

② 陈晓莉，张志全．《三国演义》两个英译本中回目的翻译[J]．重庆大学学报：社会科学版，2011（4）：164-168.

③ 黄粉保．变不可译为可译：来自“目的论”的启示——以《三国演义》拆字格英译为例[J]．韶关学院学报：社会科学版，2011（9）：133-137.

④ 赵彦博．翻译美学视角下的罗慕士《三国演义》英译本研究[D]．华中师范大学英语语言文学硕士毕业论文，2011.

⑤ 刘洪辉．目的论视角下《三国演义》典故英译的比较研究[D]．南华大学外国语言学及应用语言学硕士毕业论文，2012.

⑥ 郝健．《三国演义》罗慕士版本中“朕”的翻译浅析[J]．文艺生活，2012（7）：109.

行了研究分析，发现罗慕士在对之进行翻译的时候，主要就是在 I，me，mine 中选择，并且有的地方，根据具体的语境以及场合翻译成 we，us 或 our，这样就能让读者体会到语言环境的变化。

李毓、吴允淑[①]两位老师从关联理论的角度对称谓语的翻译作了评价：首先要看的就是，翻译人员在进行翻译的时候，有没有将原著作者想要表达的意图作很好的表现；其次，读者阅读译文的时候，是不是还要对译文进行一定的处理，能不能很好地理解译文的内容。张志全[②]老师以目的论中的三大法则为基础，对两个译本进行对比分析。罗慕士和邓罗在进行翻译的过程中使用的策略有较大的差异性，源于他们两人的翻译目的本来就是不同的，这也就造成了其在翻译方式选择上的偏向。丁爱春[③]老师主要以语言文化为着眼点，指出了罗译本中存在的不足，并给出了针对性的解决方案，同时他也指出了该译文十分成功的地方。高珺[④]老师以功能派理论对《三国演义》的经典译文进行分析。肖志艳、王芳[⑤]两位老师以河盛好藏的话来评论罗译本中的错误："翻译作品中肯定有误译存在，这如同空气中包含着氧气。"张云鸿[⑥]老师从词汇方面对两个译本展开比较，他认为，在忠实原著的前提下，可以根据自身的翻译目的，对具体的文化负载词灵活翻译。

罗慕士的翻译版本主要是站在原著作者的角度，尽量地保留其原意，而邓罗的翻译版本则主要是站在了译文读者的角度，尽量保证其读者能

① 李毓，吴允淑. 关联视角下的《三国演义》中称谓词的英译[J]. 淮南师范学院学报，2011（2）：41-44.

② 张志全. 目的论视角下《三国演义》两个英译本的对比研究[D]. 重庆大学外国语言学与应用语言学硕士毕业论文，2011.

③ 丁爱春. 典籍翻译中文化和语言的误解研究——以罗译《三国演义》的语料分析为例[J]. 剑南文学（经典阅读），2011（6）：111-113，102.

④ 高珺：从目的加忠诚的法则对比"三国演义"的两篇译文[J]. 经济研究导刊，2012（14）：233-234.

⑤ 肖志艳，王芳. 对典籍翻译中文化和语言的误译分析与探讨——剖析罗译《三国演义》的语料，吉林广播电视大学学报，2011（8）：75-76.

⑥ 张云鸿. Strategy Analysis for the Translation of Chinese Culture-Loaded Words in San Guo Yan Yi： from the Perspective of Skopos Theory[D]. 北京邮电大学英语语言文学毕业论文，2012.

够以通俗易懂的方式来进行阅读。可以说两个版本都有自己独特的地方，并且两位译者的自身情况、所处环境也不尽相同。敖玄[①]老师意识到，对译文的研究分析不能仅停留在语言上，也要同时考虑文本层面。采用叙事学理论来对译文进行评价，能够避免主观主义的倾向，从而使得评价更为理性、客观、公正。

刘克强[②]老师充分利用了语料库词典学，对这两篇经典的译文进行了综合性分析。张志龙[③]老师指出了邓译本第一回合中对中国特色文化的翻译错误。安澜[④]老师尝试了翻译补偿的讨论。师巧云[⑤]老师指出，泰勒对《三国演义》的翻译是以文化色彩为主线，展现出了中国独特的民族文化。王超[⑥]老师从显性互文以及成构互文来展开讨论，认为即使是一个互文符号，由于具体语境的不同，其传达表现出来的意义差别也很大，因此要注重对源语文本的掌握。

以语用标记价值等效原则为视角，张宇[⑦]老师通过定量与定性结合的分析方法，对人名的称谓、特定的习语、巧妙的修辞等进行考量和量化评价。张焰明[⑧]老师对罗慕士版本中关于“儒释道”文化词的翻译十分重视，并指出罗慕士不应该过分地强调原著的表达方式，毕竟文化是不同

① 敖玄. 叙事学观照下译者的角色研究——以罗慕士和泰勒《三国演义》英译本为例[D]. 中南大学外国语言文学硕士毕业论文，2012.

② 刘克强. 语料库词典学与基于平行语料库的三国演义习语翻译词典的研编[M]. 昆明：云南大学出版社，2012.

③ 张志龙. 《三国演义》泰勒译本中中国特色文化的缺失——以《三国演义》第一回为例[J]. 广东农工商职业技术学院学报，2012（4）：77-83.

④ 安澜. 从阐释学视角探索翻译补偿——以罗译《三国演义》英文译本为个案研究[J]. 牡丹江大学学报，2012（2）：97-98.

⑤ 师巧云. 泰勒《三国演义》英译本的翻译技巧[J]. 长江大学学报：社会科学版，2012（12）：103-104.

⑥ 王超. 互文翻译视角下《三国演义》两个英译本的比较研究[D]. 哈尔滨工程大学英语语言文学硕士毕业论文，2012.

⑦ 张宇. 语用标记价值等效原则视角下的《三国演义》英译本之对比研究[D]. 河北大学英语语言文学硕士毕业论文，2012.

⑧ 张焰明. 罗慕士《三国演义》中儒释道文化词英译启示[J]. 韩山师范学院学报，2012（10）：75-78.

的。张焰明[1]谈到：处理翻译中的文化叛逆，要充分发挥主观能动性，在冲突中进行创造。张焰明[2]还从译文的动态及静态差异上进行分析，指出：汉语进行表达主要是动态性的，英语的表达则与之相反，呈现出相对的静态性，因此要注意掌握好两者转换间的平衡。

① 张焰明. 罗慕士《三国演义》译本创造性叛逆解析[J]. 西华大学学报：哲学社会科学版，2012（6）：88-91.

② 张焰明. 从翻译美学的角度评罗慕士《三国演义》译本[J]. 鸡西大学学报，2012（11）：47-48，60.

第五节

2013—2017年4月：数量井喷和精品出现

罗慕士优雅而练达地翻译了中国最重要的历史演义小说，以极富魅力的直率巧妙地传译了原作戏剧性的情节叙事。英语读者现在终丁可以藉此而理解为何这部成书于15世纪的小说会如此持久地从谋略上影响一代又一代中国人的政治观念。

——魏斐德

2013年以来，以《三国演义》译本为对象的研究成果井喷式出现，涌现出了不少优秀专著和论文。主要有：李养龙老师的《翻译过程中的主体间性研究：以罗译〈三国演义〉为例》[①]；冯雷老师的《三国演义英译本研究：描述翻译学理论的应用》[②]；汪世蓉老师的《〈三国演义〉传统文化事象的多视角英译研究》[③]。刘克强老师的《三国演义诗词英译》[④]虽然不是以译本为对象的研究，但也具有很高的学术价值和可读性。此外陈甜、骆海辉、董琇等老师的论文也堪称精品，在此就不作一一地注释和分析。

赛珍珠针对1930年左右美国人眼中友好、理想化的中国形象，在用英语传达汉语的文化信息和民族心理的同时，保留了原始的汉语表达方式。自从1972年中美关系正常化以来，她在传达真实的汉语意向的同时，更多地考虑了英语读者的接受能力，首先将英语读者吸引过来，让他们接触更多的汉语作品，从而对中国文化更加了解，产生一定的感情，形成认同感，让中国经典文学、文化在世界范围内得到广泛推广。在西方读者熟悉中国文化、产生强烈的兴趣后，更加贴近原文的"直译"逐渐受到欢迎。董琇[⑤]老师指出：选择了"直译"方式的赛珍珠与罗慕士，其作品都尽可能地获得了将文化传播出去的良好效果，同时也忠实地反映出了时代特色。在世界文化大融合的背景下，随着各国文化的相互影响，在中国文学外译时，翻译方法也随之改变，凸显各种各样的特点，以此来服务于时代和社会发展的需求。

《三国演义》中的四字格隐喻有着其独特的内涵文化，作为杰出汉学家和译者的罗慕士，在翻译中采取了相应的策略：对于所隐含的相似文化因素进行与其相对应的翻译；对包含"中国风"元素的语句做出直译；

---

① 李养龙. 翻译过程中的主体间性研究：以罗译《三国演义》为例[M]. 北京：外语教学与研究出版社出版，2013.

② 冯雷. 三国演义英译本研究：描述翻译学理论的应用[M]. 北京：中国人民大学出版社，2013.

③ 汪世蓉.《三国演义》传统文化事象的多视角英译研究[M]. 北京：社会科学出版社，2015.

④ 刘克强. 三国演义诗词英译[M]. 北京：中央编译出版社，2015.

⑤ 董琇. 中国文学外译中"直译"表现形式的差异性及时代因素——以赛珍珠与罗慕士的翻译为例[J]. 同济大学学报：社会科学版，2017(2)：114-124.

对需要补充背景文化知识的，选择释译或是注释；对于有些西方读者无法理解的部分则做出了意译。李新、汪毅[1]两位老师评价英译的《三国演义》四字格时认为：它不仅语言简洁、形象鲜明、含义精辟、琅琅上口，其中含蕴着以“仁、义、忠、孝、悌”等为内在的儒家文化，同时将历史典故、宗教、物质文明、日常体验等生活中的文化融汇其中。

基于艾克西拉文化专有项理论，辅以统计、量化和分析，沈芸、毛艳华[2]两位老师研究分析了罗译本的成语翻译策略，总结出了更加简便实用的直译、意译结合的四种翻译方法。

李养龙[3]老师以罗慕士本《三国演义》为研究对象，对译本后记和注释的语料进行定性分析。通过整合交际行为理论、阐释学和接受美学理论提出的主体间性研究模式，丰富了经典理论的内涵；对译本中的主体间性对话关系进行详细分析，在拓展主体间性研究的对象及翻译研究范围的同时，还使得文学翻译研究具有更大的理论价值甚至是实践的可能性。冯雷[4]老师对比了两种英译本，在描述翻译学理论作为框架的前提下，尽可能客观地分析出译者在翻译的各个环节中使用的各种方法策略，阐述了两种完全不同的语言间的文学翻译现象。曾建萍[5]老师讨论了罗慕士对“道教士”的翻译策略。

在之前学者多次运用平行语料库撰写论文的基础上，刘克强、沈映梅两位老师就平行语料库的研制与创建发表文章，对各种层次差异、目的不同的翻译进行比较和赏析，同时讨论翻译的教学方法。从《三国演义》平行语料库出发，研究一本多译平行语料库的设计问题，对这一过

① 李新，汪毅.《三国演义》中四字格的英译策略评估[J]. 华北电力大学学报：社会科学版，2013（3）：104-111.

② 沈芸，毛艳华.《三国演义》中成语文化词的英文翻译策略及其量化分析[J]. 考试周刊，2013（104）：16-19.

③ 李养龙. 翻译过程中的主体间性研究：以罗译《三国演义》为例[M]. 北京：外语教学与研究出版社出版，2013.

④ 冯雷. 三国演义英译本研究：描述翻译学理论的应用[M]. 北京：中国人民大学出版社，2013.

⑤ 曾建萍.“洋气”的道教士——论罗慕士《三国演义》译本中道教士的异化翻译[J]. 怀化学院学报，2013（4）：82-83.

程中出现的众多且重大的问题进行详释，例如，文本选择与处理、词语选择、句子切分与对齐、网络的研制开发等，将免费共享软件与人工干预相结合，建立配合个人研究和使用的语料库。据此，刘克强、沈映梅[①]认为这种具有强烈对比性的语料能够帮助研究者得到更加客观且具有验证性的结论，这种研究在很大程度上能够避免来自于直觉和印象上的主观结论。

译者在对邓罗的《三国演义》译本进行处理时，结合英汉两种语言因表达方式和文化不同而产生的差异，在尽可能保留原文叙述风格的情况下，采用了省略翻译的方式来处理文化信息。王祥梅[②]老师强调，对原文的忠实是一个相对的条件，一定条件下省略并不代表对原文的曲解，反过来说，不省略也不代表着是对原文的忠实。译者以实际需求为依据，相应地增加或是删减原文信息。省略或许代表了在一部分上存在缺失，就像王祥梅所述中的"表字"缺失就很能代表在审美上所体现出的缺失；但是，在保证叙述完整，不会混淆的条件下，这种缺失是必要的。汪毅[③]老师在对罗慕士英译本中所隐藏的四字格概念在翻译中的困难之处和翻译策略进行分析归纳后发现：译者将相似文化条件下四字格概念所产生的隐喻采取了与其相对应的翻译，而对于在英文中无法体现的"中国风"的隐喻概念则采取了直接翻译；对于没有办法直接传达准确意思的概念隐喻，译者采用了在文中简单解释或在译本附录中对所需文化背景进行详细介绍，让读者对其隐喻的文化产生认知；有些无法被西方读者所接受的概念隐喻，译者则根据意思来向读者传达其中的文化概念。

罗译本中的副文本内容极具特色，传达了正文外的大量信息，译者的翻译过程及策略选择都在其中得以呈现。对于译者多重身份的体现，赵常玲[④]老师在研讨了罗译本跋语部分的内容后，认为译者在创作者的身

① 刘克强，沈映梅.《三国演义》中英文平行语料库的研制与创建[J]. 红河学院学报，2013（2）.

② 王祥梅.《三国演义》的 Brewitt-Taylor 英译本对原文省略信息的分析[J]. 青年文学家，2013（27）：119.

③ 汪毅. 三国演义》四字格概念隐喻英译策略分析[D]. 华北电力大学，2013.

④ 赵常玲. 互文性视角下的罗译《三国演义》副文本研究——以跋及注释为例[J]. 北京科技大学学报：社会科学版，2013（10）：29-35.

份下，还同时拥有读者、叙述者等身份。李鹏辉[1]老师在研究罗慕士英译本《三国演义》中人物对话的语用对等时，将言语行为理论和语用等效翻译观有效融合，用抽样对比分析法对其进行了更深层地研究。从语用学领域中的言语行为理论来看，人物对话的翻译是影响作品中人物塑造的重要因素。译者经过对各种语言行为和人物关系的分析，准确翻译人物对话，将作品塑造得更为生动形象。同时，基于源语和目标语语用对等的等效翻译模式，则是将重点放在了语言等效和交际等效两个方面。

虽然邓罗未在《三国演义》译本的序言中直接表明其翻译目的，但经过王玲珑[2]老师对第一章意译、释义、增译、省译这四种翻译手法的赏析不难看出，邓罗希望这样一本具有东方特色及魅力的作品可以得到西方读者喜爱。迟梦筠[3]老师探讨了明清章回小说回目的翻译原则和技巧。张晓红[4]老师认为，文学翻译要在传播中国文化为目的这一前提下，以润泽丰满的译入语来满足读者的需求，而并非为了保留原著的文化特色就一味地去直译、硬译，不考虑译文的连贯性和读者的接受程度。随着历史的发展，各国文化体系形成并日渐成熟，尽管现今中西方文化接触频繁，但在多样性的世界中，文化的多元性使得文化融合仍需要漫长的过程。因此，只有在翻译时既达到译者的翻译目的，又激发读者的阅读欲望，才是真正意义上好的译文。

依据图里的翻译规范理论，Wei Lianzhi[5]老师对比分析《三国演义》两个不同的英译本，认为：虽然邓译本所采用的目的语规范在读者中得

① 李鹏辉. 论《三国演义》罗慕士英译本中人物对话的语用对等[D]. 南华大学外国语言学及应用语言学硕士毕业论文，2013.

② 王玲珑. 赏析泰勒版《三国演义》第一回中翻译方法的使用[J]. 河北科技学院学报，2013（12）：86-87.

③ 迟梦筠. 明清章回小说回目的翻译原则与技巧[J]. 哈尔滨师范大学社会科学学报，2013（3）：73-75.

④ 张晓红. 文学作品英译过程中比喻形象的保留与转换——兼评《三国演义》的英译本[J]. 黑龙江教育学院学报，2013（11）：160-162.

⑤ Wei Lianzhi. A Study on Character Remolding in Two English Versions of Sanguo Yanyi: from the Perspective of Descriptive Translation Studies[D]. 西安外国语大学外国语与应用语言学硕士毕业论文，2014.

到了较高的支持，但是相对来说，罗慕士采用的源语规范则使人物更加地贴近原著，对中国传统文化的传播更为有利。据此可以看出，译者在中国古典小说的翻译过程中更应遵守源语规范，用以再现小说人物、情节、环境中所蕴藏的中国元素。闫敏敏[①]老师强调，从审美的立场上来说，异化策略在罗慕士所处的时代环境中的确是一种相对较好的方式。在忠实于原作的基础上，对于原著中出现的敬谦语，罗慕士大多选择了异化的翻译方式，这样的方式不仅使译者的主体性得到了充分发挥，还满足了读者对审美方面的需求。从读者的角度来看，他们更希望欣赏到原著中所呈现的不同地域的文化，而不是经过译者渲染后充满主观意向的译本。

成语是中国文化的精髓，罗慕士在对成语翻译时采用异化翻译的策略，最大程度地保留了成语的表现力，从而更好地达到译者的翻译目的。余裕发[②]老师以典故成语（望梅止渴、赤膊上阵、乐不思蜀）、人物成语（绝伦超群、鞠躬尽瘁，死而后已、功高德重）、叙事成语（三顾茅庐 、割席分坐）为范例，论证了罗慕士采用的异化翻译、灵活归化策略等众多成语翻译的方法，强调其分析成语的字面意义和隐含意义，并在翻译成语的过程中能够灵活地应用归化策略。李翊娜[③]老师从各个层面研究罗译本，发现无论是人物情节还是历史文化表达方面都体现了罗慕士作为一个中国文化学者的严谨性。在译本中，罗慕士既灵活地向西方读者传达了文化的差异，又保留了原文中所蕴含的中国文化。与当代大众的归化翻译不同的是，罗慕士在翻译中运用异化翻译策略让西方读者能更深刻地感受因地域差异而导致的在人文以及语言表达方式上的差异，这也是罗的翻译策略为什么值得中国文学界探讨的原因。

翻译过程中，首要遵循原则是以功能派的翻译理论为核心而产生的目的论。这种翻译方式将译文预期功能作为其翻译目的，从中选择最优

---

① 闫敏敏. 敬谦语翻译的文化接受视角——以《三国演义》罗译本部分敬谦词的翻译为例[J]. 湖北第二师范学院学报，2014（11）：115-118.

② 余裕发.《三国演义》成语翻译的归化与异化——以罗慕士译本为例[J]. 外语研究，2014（1）：337-338.

③ 李翊娜. 罗慕士英译《三国演义》典故研究——异化翻译理论的视角[D]. 青岛大学英语语言文学硕士毕业论文，2014.

处理方式，从而突破传统翻译中的“等值观念”，使译者可以更好地表达思想，启迪读者。完整释读了罗慕士所译的《三国演义》后，赵丽丽[①、②]老师认为，罗慕士之所以能使读者最大程度上感受到异国风情，主要是因为其对原作所持有的特殊理解和阐释，在此基础上，尽可能地保留了原文的行文格式、语言特色。同时翻译也是两种语言、两种文化的碰撞，为了保证译文的连贯性，则需要在同化翻译的同时大量地加释，使西方世界更好地了解中国的历史和人文文化。罗译本所展现出来的译者的双语融合能力，可以看到译者具有极高的文学修养和严谨的治学态度，这也是我们在翻译具体实践中可以学习和借鉴的。先将明确的翻译目的作为翻译过程的重要目标，然后围绕此目标选取最为恰当的翻译策略与翻译方法。而作为重要因素之一的受众群体也是不容忽视的，对受众群体的背景文化进行分析，了解受众群体需求，也是影响译者翻译目标的关键因素。

以《三国演义》前 20 章节中 140 个文化专有词为例，陈甜老师从“文化转向”的翻译方式，对专有词的英译状况进行深层次探究。而在比对过截然不同的四种英译本后，陈甜发现，异化翻译是这些译本的主要翻译方式。为此，陈甜还特意以调查问卷的形式来调查读者对专有词的英译接受度，大部分读者认为在保存既有源文化的情况下，异化翻译也是可以接受的。因此，陈甜提出，在翻译过程中，可以适当结合异化翻译，将文化植入法、文化切入法等方式融入进去，异化翻译方式的准确选取，对于翻译工作也是极其重要的[③]。陈甜还强调[④]，若是评析译本没有结合时代背景，只是盲目地跟风评判，没有具体且客观地来看待作品本身，只是一味要求前人，这样的分析评判是没有真实性的。在评析译本时，需要清楚地认识到译本的产生给当时社会所产生的各种积极影响。[⑤]陈甜

① 赵丽丽. 目的论视角下《三国演义》罗慕士英译本翻译策略研究[J]. 长春工程学院学报，2014（2）：100-103.

② 赵丽丽. 阐释学视角下《三国演义》罗慕士英译本解读[J]. 运城学院学报，2014（3）：99-101.

③ 陈甜.《三国演义》中文化专有项英译研究[D]. 长沙：湖南师范大学，2014.

④ 同上第 144 页。

⑤ 陈甜.《三国演义》邓罗译本差异以伪[J]. 海外英语，2014（11）：143.

还通过对比分析《三国演义》在汉语文化圈与英语文化圈的译介与传播，发现[①]：其译介、传播路径、形式、目的及影响等都表现出显而易见的差别，中国文学、中国文化译介与传播形式越丰富多样，越能得到海外广泛地传播与影响。总之，一部文学作品要想在域外成功地译介与传播，一方面得益于作品本身具有极高的艺术创作技巧与独特的艺术风格；另一方面得益于中外文化深入交流、丰富多样的译介与传播形式，并借力于新型的传播媒介等。

"这一不同的翻译目的也体现在各自的诗词翻译中。翻译这种特殊形式的阐释不可避免地会受到译者'先结构'或'前理解'的影响，由于多种因素如翻译目的、历史背景及文化态度上的差异，泰、罗两位译者针对相同的文本给出了不同的理解和诠释。"译者的某些主观思想，往往会在翻译的过程中不断地展现出来，由阐释学得出的结论来看，人们在新的时代背景下会对中国经典著作产生新的认识，由此，新的译文也会随之产生。创作出和原文思想完全相同的新文本，对一个阐释者来说，是根本不可能完成的。[②]石成蓉、骆海辉两位老师从阐释学的视角看《三国演义》中的诗词英译，认为邓罗译本侧重讲一个精彩的故事，而罗慕士旨在忠实传递中国文化。

通过对两个《三国演义》译本的研究，张飞[③]老师在研究接受美学下的翻译主体间性后认为：政治在古典小说的翻译中占有决定性的因素，翻译者的翻译策略在赞助者的影响下会随之发生一些改变；与此同时，由于年代更迭，使得作者在传达原著的过程中，增加了更多的不确定因素，虽然采用选词、增译等方式也能填补这些不确定因素，但也只是能较为准确地传达作者的意图；而通过改译和直译加注释的方式来翻译，则是着重考虑了读者层面，提高读者对译本的接受程度的同时改进、拓

① 陈甜.《三国演义》在汉语文化圈与英语文化圈的译介与传播比较研究[J]. 河南工程学院学报，2017（1）：33-36.

② 石成蓉，骆海辉. 阐释学视角下《三国演义》中诗词英译的研究[J]. 成都大学学报：社科版，2014（5）：72-75.

③ 张飞. 接受美学下中国古典小说翻译主体间性研究——以《三国演义》两英译本为例[D]. 宁夏大学英语语言文学硕士毕业论文，2014.

展自己的期待视野，张泽媛[①]老师着重关注《三国演义》的译本中成功和不成功应用纯语言之处，从而探究本雅明纯语言观的可行性。房坤[②]老师将相同汉语原文中产生的不同英译现象作为研究对象，从辖域、视角、突显和详略度四个层面分析《三国演义》诗词英译，从而得出结论，认为其在译文中表现出的识解提供了坚实的理论依据，并对该理论在翻译中的应用进行了可行性论证。

从某一个成语以小见大地来看古典名著是曾晓光[③]老师的一次很好的尝试。他以“措手不及”这个成语为例，对比了四大名著的英译本，其中《三国演义》采用的是罗慕士译本。

如何在翻译中表现出诗词的各种情感?吴鸿俊[④]老师选取了罗慕士和邓罗版《三国演义》中的一部分诗词，从审美移情、文化移情和移情障碍的角度进行研究后发现，两个译本都不约而同地出现了移情现象，只是移情的对象略有不同，相对来说，邓罗本移情现象主要是译文和译文读者；而罗慕士本则更侧重于原文和原作者。由此可以看出，在翻译过程中，译者的主观意识还是占据了主导地位，并没有绝对地客观和实事求是，即使邓罗和罗慕士在翻译中应用了不同的移情法，但这种体现了译者主观能动性的思维方式，在翻译过程中的产生是绝对不会避免的，因为不但译者具有主观性，连译本产生的基本条件——语言，都具有强烈的主观性。为此，对这种翻译过程中所产生的思维方式，应当以辩证的态度来看待，毕竟主观和客观是相对存在的。

在《三国演义》原著中共有 311 处属于明喻范畴，这 311 处包括 14

① 张泽媛. 从本雅明的“纯语言”观探索罗幕士的《三国演义》英译本[D]. 太原理工大学外国语言学及应用语言学硕士毕业论文，2014.

② 房坤. 汉诗英译的识解差异研究——以《三国演义》诗词英译为例[D]. 辽宁师范大学英语语言文学硕士毕业论文，2014.

③ 曾晓光. 浅析汉英词典词条英语对应词的不足——以成语“措手不及”的典型英译为例[J]. 哈尔滨学院学报，2014（7）：117-122.

④ 吴鸿俊. 移情视角下《三国演义》的诗词对比研究——以罗慕士和泰勒两个英译本为例[D]. 中南大学外国语言学及应用语言学硕士毕业论文，2014.

个喻词，且明喻在这本小说中体现于多个方面。魏亚南[①]老师在译本中发现：在 311 处明喻里，总共采用了九种句式表现形式，而九种句式中，可以看到共有七种翻译策略：直译、转化、直译+解释、直译+转化、隐喻、解释、省略。当中将原文修辞手段保留下来的有：直译、转化以及两种混合译法；隐喻使用了修辞，却改变了原文的修辞手段；解释与省略没有保留任何修辞手段。通过实例的分析论证，魏亚南基于顺应理论，研究得出该译本重点是：心理世界、语义、文体、连贯性、社会文化、动态顺应和主体意识。

翻译过程中的语言环境、文化背景的差异，使得双关翻译成为较大障碍。双关语所包含的深层含义无法很好地被挖掘，从而导致了这种特有的修辞手法无法被外国读者所理解，产生了阅读上的偏差。面对这种情况，金海萍[②]老师认为两个《三国演义》英译本有效融合了直译、意译、直译与注释，以实现双关语含义的完整表达。这种淋漓尽致的表现手法，可以使更多读者欣赏到中国古典文化的内涵。谭兴[③]老师以《三国演义》回目修辞格的英译为研究对象，进行了一系列的探讨。如以罗译和泰译两个译本中修辞手法的不同表现形式为例，进行了如下几点归纳：一是面对一些特殊文体的时候，不仅要兼顾回目，同时还要将“美”融入其中；二是为了弘扬中国的语言文化，使读者能顺畅阅读的前提下，也要顾及源语语言的完整，尽可能地采取直译方式；三是面对无法直译的困难语句，要有效地保留其内在含义；四是若不能再现原文中特有的文体形式，要努力将译文回归到其原有的，甚至是等同于原文的意义。

对于译者在翻译过程中出现的完全不同的英译结果，汪世蓉老师以描述翻译学、生态翻译学作为理论基础，将两种译本中所呈现的军事、民俗等文化现象进行对比后发现，在翻译过程中，译者因文化差异而采

① 魏亚南．顺应论视角下《三国演义》泰勒译本中明喻的翻译策略[D]．对外经济贸易大学外国语言学及应用语言学硕士毕业论文，2015.

② 金海萍．两个《三国演义》英译本的双关语翻译研究[J]．英语广场：学术研究，2015（6）：27-28.

③ 谭兴．从《三国演义》两译本看古典小说回目翻译格的翻译策略[J]．重庆交通大学学报：社会科学版，2015（2）：133-136.

取了不同的处理方式，在与原文的转换过程中，出现的文词变形、添词或拓展延伸都是导致不同英译结果的重要因素。[①]汪世蓉认为："罗慕士采用了'全景再现式'文化翻译模式。由于罗译本中'异化'倾向的翻译策略占了压倒性的多数，罗慕士的文化翻译原则可归纳为'力求文化传真，谨慎结合文化适应'。也就是说，罗慕士希望能够全景式地、无一遗漏地、深刻彻底地解释、再现和传递《三国演义》中体现的中国传统文化；为了达到让译本读者可以用中国的方式来赏读中国文化的目的，他在面对有巨大文化差异的内容时，将'源语文化'融入'译文文化'，从中取得了比较成功的效果。而邓罗的文化翻译模式称为'点滴渗透式'，文化翻译原则为'追求文化传真，灵活结合文化适应'。邓罗在讲述精彩纷呈的三国故事的同时，希望再现和传递小说中体现的'显著的东方特色'，但是对于其中中西文化差异较大的内容，他考虑更多的是'适应和迎合'译文读者的接受习惯和程度，为了让读者能够更为顺畅地阅读译文，采用了更为简洁的翻译方式。虽然邓译本的翻译策略选择相对罗译本更加灵活和多元，但总体仍是倾向于'异化'风格。"[②]为了匹配当代中国文学界提出的"文化软实力崛起"的强烈诉求，"异化"翻译策略得到推广，但随之改变的还有弱势文化和强势文化的概念。随着时代的发展和国力的变化，世界范围内各国文化文学地位在不断发生着巨大改变，现如今的中国在世界的影响力已经不容小觑，与"熊猫丛书"所处的20世纪80年代已经不可同日而语。在这种大的社会历史背景下的国际文化交流中，汉语作品应当以自己独特的传统文化，自信且大胆地将自己展现在世界眼前，保留原汁原味的中国特色文化而不是将迎合世界文化潮流作为目的。[③]翻译的根本在于"力求文化传真，适度结合文化适应"，因此在保证原意的基础上，应避免死译或硬译，这样才能全面完整地将源语语言文化推广出去，并得到认同。

---

① 汪世蓉.《三国演义》传统文化事象的多视角英译研究[M]. 北京：社会科学出版社，2015.

② 同上，第2页。

③ 汪世蓉. 翻译伦理视阈下汉语典籍的文化英译与域外传播——以《三国演义》的译介为例[J]. 学术论坛，2015（1）：144-147.

刘克强[①]老师建立了汉英一对四的平行语料库，系统、深入、全面研究《三国演义》的诗词翻译，从不同的译文中窥见译者的翻译策略、翻译技巧、文化差异甚至意识形态等。董欢、关璐[②]两位老师借鉴了王宏印教授的诗歌翻译六标准，将《三国演义》开篇词的研究重点放在了体制、诗味和语言这三点上，将两种译本放在一起进行比对后发现，这两种译本虽然为传播中国古典文化做出了相当大的贡献，但是其中存有一定缺陷的事实也是不能忽略的。岳靖凡[③]老师从翻译美学的角度对译本进行了分析。

《三国演义》全书人物众多，但每个人物都极具特色。纵使全书共有千余人物出现，但每个人物的性格特征都很鲜明，极具辨识度，让读者难以忘怀。就如同黄粉保[④]老师所认为的那样，罗译本之所以成功，是因为让原作中的英雄人物形象得到了真实地再现，无论是从人物的语气还是神态都得到细致入微地刻画。这些都是以罗慕士对中国古典文化的了解和较高的汉语水平为基础才得以实现的；当然，罗慕士也需要有同样高的英语造诣才能在翻译过程中如此贴近原著，将这些具有鲜明性格的人物展现给具有较大文化差异的西方读者，让他们能顺畅地阅读，体验中国古典文化的魅力。

谈到罗慕士《三国演义》译本出现的“深度翻译”现象时，田莉洁[⑤]老师从其序言、注释及附录三个层面剖析后发现，这一现象的出现归因于译者的主观意识，同时也包括在翻译过程中，译者受读者层次、赞助者以及文化语言差异等多种因素影响所致。田莉洁同时还证明了“深度

---

① 刘克强. 三国演义诗词英译[M]. 北京：中央编译出版社，2015.

② 董欢，关璐. 从王宏印诗歌翻译六标准评析《三国演义》开篇词的两种英译[J]. 英语广场：学术研究，2014（12）：61-62.

③ 岳靖凡. 从翻译美学视角分析罗慕士《三国演义》英译本[J]. 芒种，2015（18）：69-70.

④ 黄粉保. 论小说人物口吻、神态在译文中的再现——以《三国演义》罗译本片段为例[J]. 云梦学刊，2015（5）：146-149.

⑤ 田莉洁. 深度翻译视角下的罗慕士《三国演义》英译本研究[D]. 河南大学外国语言学及应用语言学硕士毕业论文，2015.

翻译”策略是一种极为有效的翻译方式，在中国古典文学译本是否能为世界读者所接受，是否能在世界范围内占有一席之地等问题上，都产生了积极且深远的影响。

Liu Qiaorong①老师在操纵理论的指导下，对比分析两种全译本的《三国演义》，探讨如何将《三国演义》中的官职名称更为准确恰当地翻译出来。操纵理论主要包含三个方面：意识形态、诗学和赞助人。Liu Qiaorong在对这三个层面进行探讨后，以罗慕士和邓罗在翻译过程中的各项差异为基础，将其中的优缺点仔细斟酌，从中选择出较为恰当的翻译方式。

只注重故事本身，是无法全面表达中国故事的，还应注重后续的各个环节，例如读者层的选择、版面的编排，以及宣传和推广工作等。由此，张晓红、刘金龙②两位老师认为，典籍的英译工程是一项完整且系统化的工程，为了使中国故事得到好的诠释，完整传递其思想，应当注重各个环节的运作，在翻译中必须保证每个环节都不出差错，方可使中国文化获得世界范围内的关注。张志全、原灵杰③两位老师用文化翻译策略对比了罗慕士和邓罗译本。

将补偿手段上升到文化交流层面可以更好地进行文化信息传递，而其中最为理想化的补偿手段是将原文信息的传递拓展到最大化。据此张志全、刘蕾蕾④两位老师指出，在选择翻译策略的时候，为了对中国文化典籍的英译做到更好、更完整地传递，要将翻译目的以及读者层面的问题等都充分地考虑到。

在谈到邓罗译本中情景语境改写功能及其对大众接受的意义时，张

① Liu Qiaorong. A Comparative Study of the Translation of Offitial Titles in the Two English Versions of San Guo Yan Yi: from the Perspective of Manipulation Theory[D]. 西安外国语大学英语语言文学硕士毕业论文，2015.

② 张晓红，刘金龙. 典籍英译对外出版的读者定位——以《三国演义》的英译为例[J]. 中国出版，2015（14）：29-32.

③ 张志全，原灵杰. 文化翻译策略研究——以《三国演义》两个英译本为例[J]. 宁波广播电视大学学报，2015（9）：31-35.

④ 张志全，刘蕾蕾. 文化缺省的翻译补偿——以《三国演义》两个英译本为例[J]. 海外英语，2015（6）：153-154.

焰明[1]老师表示，在语言文化出现较大差异的情况下进行翻译工作，在等效转换无法实现时，也不能改变原文所传达出的精神以及中心思想，此时适用的方法就是“改写”。他认为，这种“改写”值得中华典籍外译传播者学习，应多注重读者以及语境的差异从而调整翻译策略。闫敏敏[2]老师认为罗译本主要是为了传播中国文化，满足教学的需要，使外国人能用中国人的思维方式来理解中国，在翻译谦词时主要采用了异化策略。

在译本形成的过程中，译者并不是处于完全的主导地位，翻译协助者、翻译赞助者、翻译消费者在这个过程中也是不可忽视的因素。由此，董琇[3]老师总结到：从罗慕士与赛珍珠在翻译过程中的审美差异来看，在不同历史环境的大前提下，翻译中人为因素的出现也是造成这种差异的主要原因。在翻译中，译者的协助者、赞助者甚至是读者都对译者的翻译产生着巨大的影响。以协助者为例，罗身边的多为以英语为母语的协助者，而赛身边的协助者多为汉语母语者，所以，协助者的文化、思维差异也造就了翻译层面的差异。再者，面对消费群体的不同，在翻译上也会造成不同，罗的读者多为学生群体，因此，在翻译中会下意识地以亲近式的翻译策略为主，以便更能贴近读者，为读者所接受。而赛则以英语读者群体为主要对象，为满足读者对中国文化的好奇心理，而选择了更加贴近原文的翻译策略。最后，赞助者的不同在一定程度上也影响着翻译过程，与罗的赞助者不同，赛的赞助者是其丈夫所经营的出版社，而罗的赞助者则是北京外文出版社。由此可知，赛是选择赞助者，而罗是被委托者，这一身份不同，也在一定程度造成了翻译上的差异。所以，翻译过程，并不全是以译者为主导的过程，翻译中存在的每一个因素都在潜移默化地影响着译本的形成。

---

① 张焰明.《三国演义》邓罗英译本：情景语境改写的功能与大众接受[J]. 广东外语外贸大学学报，2016（4）：97-103.

② 闫敏敏. 从翻译目的论角度看《三国演义》罗译本的敬谦语翻译[J]. 黄冈师范学院学报，2016（1）：61-63.

③ 董琇. 布迪厄理论视角下翻译审美再现研究——以罗慕士、赛珍珠的汉语典籍英译为例[J]. 同济大学学报：社会科学版，2016（4）：107-116.

作为此方面研究最特殊的论文，马郡[①]老师的研究源于一篇汉译英翻译任务实践报告，研究对象是由北京华语教学出版社所委托的《三国演义》简写双语版的编著与英译项目。这个项目以汉语考试五级的词汇为标准，英译了《三国演义》中二十个经典故事。马郡认为，文化负载词的翻译应以让外国读者了解中国文化为首要目标，其次，将异化翻译作为主要翻译手段，与归化翻译相结合后，以实现不同文化背景之下，文化与文化之间的互通有无。马郡发现，文化负载词的翻译，一般常采用的策略为：直译与文化注释、意译与文化注释、音译与文化注释。但是，这远远不够，并不能完全且完整地传递中国古典文化的魅力，因此，在翻译中要求译者精通中文和英文，以及其文化背景、时代环境，以便两种语言能够更好地进行融合。高爱望[②]老师在以概念隐喻论为基础的前提下，对比了两个不同英译本的《三国演义》，发现了两种截然不同的隐喻翻译结果，包括方位隐喻、实体隐喻及结构隐喻等不同。译者的主观性、其当时所处的社会环境以及其面对的文化差异，导致了译本差异，其中罗译本是更贴近原文的直译，而邓罗译本则更关注意译。

牛百文、李依畅[③]两位老师指出：罗慕士在翻译过程中，为能更好地传播中国文化，满足读者心理需求，适应读者接受能力，尽可能地贴近原著，将原著中所包含的文化背景、时代特色，以及内涵词的意义，尽可能地展现给读者，从而使中国古代特色文化得到延伸和推广。彭文青[④]老师在把所有《三国演义》的英译本及各项注释和评价从各个角度进行详细分析后，用互文性的理论基础将其与其他西方作品归纳至相同的体系中，以用来讲述在翻译过程中各项因素之间所出现的互文关系，根据

① 马郡. 古典名著《三国演义》简写本英译实践报告[D]. 西南交通大学翻译学硕士毕业论文，2016.

② 高爱望. 概念隐喻框架下《三国演义》两个英译本对比研究[D]. 黑龙江大学外国语言学及应用语言学硕士毕业论文，2016.

③ 牛百文，李依畅. 关联理论视角下的中国文化负载词英译策略研究——以《三国演义》罗慕士译本为例[J]. 现代语文：语言研究，2016（7）：144-147.

④ 彭文青. 互文性：《三国演义》多个英译本研究[D]. 上海外国语大学英语语言文学博士毕业论文，2016.

此关系来详解《三国演义》的早期译本，有效填补了早期文学界在译本研究方向中的欠缺。她不仅采用了传统的文本分析方法，更宏观地、可视化地体现译本与译者风格，还借助了电脑的辅助，如 Power GREP 文本分析软件的应用。

第二章

三国相关影视研究

第一节

电影《赤壁》研究综述

应该拍一部能表现中国人的智慧、文化、精神和勇气的电影，让中国人以外的其他人对我们的文化有更深入的认识。

——吴宇森

一、《赤壁》与赤壁之战、电影与三国历史的对比研究

《三国演义》是基于历史事实进行的文本再创造的一部历史小说，作者在书中体现了明显的个人好恶与政治立场，因此对历史人物的评价难免有失公允。如小说将一代名将周瑜的形象加以丑化，极度夸大其偏狭又妒才的一面。小说中甚至安排了这样的情节：让周瑜嫉恨诸葛亮的才华，甚至被其气死，在去世前悲叹"既生瑜，何生亮"。这一情节让人印象深刻，生动凸显出周瑜无容人之量的性格特征。但与小说中描绘的不同，周瑜其人实则文韬武略，风姿卓然，很为时人所称道。赤壁之战中，联军统帅周瑜才是真正的主角。孙士生[①]老师关注电影《赤壁》的创新之处，该电影是以东吴为主的叙述视角，而非传统的以蜀汉为主要视角，基于史实，跳出小说的主观臆断，还原了一代儒将周瑜气度宽广、才智兼备的历史形象。影片中，周瑜和诸葛亮是一种英雄之间的相互理解、惺惺相惜，而非小说所描绘的嫉贤妒能。电影没有神化诸葛亮，剔除了舌战群儒、三气周瑜等一些小说中的经典片段，诸葛亮在影片中也不再是多智近妖的神算子，而是一个实实在在的聪明人。此外，在电影里，孙权等东吴集团的代表人物不再是小说中所描绘的那样损人利己、阴险狡诈，而是以大局为重，襟怀宽广、忠诚无私、追求和平。影片跳出了小说的历史窠臼，更多地着墨于以孙权为代表的东吴集团与以刘备为代表的蜀汉集团之间的精诚合作。两大集团皆摒弃宿怨，心怀天下。电影《赤壁》忠于史实而不落俗套，打破了传统的叙事视角，融入现代精神，贯通古今，打造了全新而鲜活的历史人物形象。不仅如此，电影还加入了生活化的情节，历史人物不再带着刻板的面具出现在观众眼前，如睿智的诸葛亮不单懂兵法，还会接生，会帮鸽子洗澡；刘备关心众人，为大家编鞋……这些古代英雄拥有了普通人的心性，拥有了少许与现代观众相似的精神气质，这样便拉近了剧中人与观众的距离。

沈伯俊老师将电影与赤壁之战史实进行了对比[②]。沈老师引用相关史

---

① 孙士生.《赤壁》：给全世界讲三国的故事[J]. 电影评介，2008（21）：29-31.

② 沈伯俊. 赤壁之战与电影《赤壁》[J]. 成都大学学报：社科版，2008（6）：34-39.

料，阐释了赤壁之战的几个主要问题。一是赤壁之战的大致过程；二是战争双方的兵力；三是主要人物的真实贡献，包括以周瑜、诸葛亮为代表的赤壁之战的主要参与者。

必须指出的是，沈老师并非对电影持否定态度，他肯定了吴宇森力图以该电影弘扬中国文化的目的及其为此所付出的努力，认为电影《赤壁》是一场视觉盛宴，而优秀的电影不单单致力于带给人视觉上的愉悦与享受，还得蕴含丰富的人文内涵，如同一座宝藏。《赤壁》确实传达了传统文化的内涵，然而也存在着令人考量的地方：吴宇森及《赤壁》的编剧人员对三国历史的理解是否到位？吴宇森是《赤壁》的最佳导演人选吗?他对影片的定位准确吗？对曹操、诸葛亮、孙尚香、甘兴等人物性格把握是否恰当？张飞智退曹军等情节的设置是否有待斟酌？《赤壁》的角色造型、性格特质是否符合观众预期？演员的选角、造型、表演是否能让观众认可？在这里，沈老师提醒我们，在三国文化的传播与再创造中，要以严谨的态度正确把握三国文化传统。

影片虽跳出了贬吴的窠臼，却承袭了历史演义小说一贯的"尊刘贬曹"倾向，依旧极度丑化曹操的形象。电影里曹操的形象十分脸谱化，自私自利又刚愎自用，喜好美色又疑神疑鬼，可以说毫无值得称许之处。电影淡化了该人物个性中的复杂因素，使得人物形象极度扁平化，缺乏可解读的空间。而蜀吴联军却是精诚合作、团结一心，两集团之间几乎没有嫌隙与猜疑，达到了一种理想化的状态。廖金英、谢太平[①]两位老师认为，这是一种对历史或对文本的重写，在此过程中，现代意识在无形之中被巧妙植入，即弘扬和谐、抵制霸权。蜀吴集团所代表的和平和谐共同对抗曹魏所代表的专横霸权，恰似正义对抗邪恶，体现出一种教化的作用；而创作人员在其中加入一些自己想象的故事情节，以细节将史实琐碎化，体现出一种对市场的迎合。因此，《赤壁》体现出一般历史剧所具的特征，即消费主义和教化主义的双重性。消费的是文化，教化的是受众，两种特性相互借鉴、巧妙融合，从建构、解构历史到历史重写，

① 廖金英，谢太平. 作为景观的历史：政治意识和文化消费主义的共谋——评《赤壁》[J]. 电影评介，2009（19）：30-31.

文化消费主义贯穿其中，既要对历史经典有尊重敬畏之心，又要植入现代意识和现代精神，有创新之处。

名著改编成电影从来都不是一件简单的工作，堪称一项复杂的工程。若完完全全依照原作来拍，毫无新意，只会使得观众产生审美疲劳，从内心深处抗拒去观看早已知道过程和结局的电影。王心怡[①]老师认为，作为商业大片，《赤壁》为受众提供了一场视觉大餐，无疑是非常成功的。李艳婷[②]老师讨论了三个问题：首先，《赤壁》摒弃所谓正统价值观，并不贬孙贬瑜，而是基于东吴视角，展现历史事件，提供了另一种解读经典的可能，颇有新意。其次，《赤壁》传承文学名著所遵循的历史传统，而可以跳出剧场传统。如影片中诸葛亮是一个谦和待人的年轻人，还带着初出茅庐的善良与天真。而周瑜也正当壮年、风华正茂，两人都正值智力与经验巅峰，旗鼓相当、英雄相惜，共同谱写了一曲惊天动地的赤壁鏖战交响。电影中有意安排相关情节凸显二人相知相惜之意，如两人从用音律相互试探再到意气相投，两人都有心系天下百姓的胸怀、都有合作的意愿，不再是人们所熟知的传统观念中尔虞我诈、针锋相对的关系，他们坦荡磊落、并无偏狭。这一幕也突出了两人皆儒将的性格特点，可以说两位是同一量级的英雄人物。三是电影是"演义"基础上的演义。吴宇森尊重原著经典，基于原著故事，但又能对此进行再创作，不囿于《三国演义》中人们耳熟能详的故事情节，加入一些时代特点，发掘中国传统故事中的文化价值和商业价值，符合现代观众的口味，是一种再演义。

在对比了电影与演义文本对"赤壁之战"的呈现方式后，周菊、谢和玲[③]两位老师强调：四大名著被搬上大银幕是值得肯定的。这是一种经典重塑，让名著中的故事情节、人物形象有一种真实感，鲜活地呈现在观众面前，从"纸上"的"二维人物"到观众眼前的"三维人物"，强化了经典形象。但这也意味着后来进行重拍的导演要承担一定的风险，因

① 王心怡. 赤壁之战与电影《赤壁》[J]. 新闻研究导刊，2016（22）：185.

② 李艳婷. 电影《赤壁》对《三国演义》的传承解构[J]. 电影文学，2014（13）：66-67.

③ 周菊，谢和玲. 论电影《赤壁》与小说《三国演义》"赤壁之战"的异同，小作家选刊（教学交流），2014（11）：96.

为此前经典的形象已经深入人心，起到了“固化”作用，观众很难从中跳脱出来欣赏一种新的形象塑造，由于前有作品可以进行比较，于是对翻拍作品会更加挑剔，对细节的要求会更高。俗话说“经典是难以超越的”，这也道出了翻拍作品的无奈，电影工作人员的初衷是希望自己拿出的作品超越经典，但往往逃脱不了陷入平庸甚至遭遇观众挑刺的境况。以新《红楼梦》来看，观众接受不了太过颠覆的翻拍作品，虽然新版本更接近原作，加入了导演对原作的理解和艺术加工，却远离观众，有老版《红楼梦》珠玉在前，致使观众无法欣赏新版这样一部颠覆认知的作品。《三国演义》的影视创作也是如此，虽前有经典，但艺术家对文学作品都有自己的理解和阐释的方式，他们不愿照搬经典、循规蹈矩，而是要对原作进行再创新，超越原作，给观众留下深刻印象。

二、《赤壁》中台词与字幕的研究

《赤壁》中出现了许许多多关于中国传统文化的专有名词，刘明坤①老师认为，翻译人员在翻译字幕时，应该尽可能更多地考虑目的语方面，这就需要根据目的语受众的需求，换位思考，把自己想象成正在观看影片的人，思考用何种方法才能最大程度地让观众抓住电影所要表达的意境和导演想要传达的新信息，同时能满足观众的审美观和娱乐目的，达到影片的功能对等，让观众轻松愉悦地欣赏影片，而不是斟字酌句地熬过几个小时。

电影《赤壁》讲述的是三国时期赤壁之战的历史典故，因此，原片字幕中暗含典故、诗词、历史地名及历史人物等观众理解起来有难度的内容。雷慧慧②老师意识到这些历史文化词对译入语地域的观众来说，是很陌生的文化障碍，另外片中大量的人物对话和独白的字幕，要求翻译者必须用字数相当的外语词来重现人物的情绪和性格。只有译者能驾驭源语、译语文化，谙熟字幕的时空控制，才能为观众呈现精美的字幕文

---

① 刘明坤. 浅析电影《赤壁》中翻译理论方法的选择[J]. 中国科技博览，2011（14）：240.

② 雷慧慧. 浅析电影《赤壁》中的字幕翻译策略[J]. 才智，2016（33）：224-225.

本。雷慧慧从减译法、缩减法、删减法、直译法、归化法、异化法等方面分析电影《赤壁》中所使用的翻译策略，认为其中还是存在一些问题：因为受制于字幕译制篇幅，一些中国特色的双关语和幽默俗语，无法通过音译加注或意译加注的方法来解释说明这种文化内涵和艺术特色。导致有些特别的中国文化词和幽默俗语无法淋漓再现。字幕中的大量口语体对话也无法完全在书面字幕中得以呈现。为了保证译入语观众的审美体验，字幕翻译工作者需要灵活合理地利用相关译制技巧，来实现译出语言以及译入语言两者之间的功能对等。雷慧慧总结道：优秀的字幕、宏大的布景、精湛的演技加上精准的字幕翻译，使得电影《赤壁》票房大卖。字幕译者充分考虑了字幕翻译的特性和跨文化差异，一语中的地生动再现了原文大量人物对话和独白，大大降低了观众的理解难度。高质量的字幕翻译，使读者就像在读一部本民族语言的原版数字小说，唯一的差别只是音轨的不同罢了。

《赤壁》的台词能发挥出特有的娱乐效果：一是幽默语言及娱乐效应。二是影片台词幽默特色的具体表现，包括仿拟式幽默台词、口头禅式幽默台词和设置悬念、设置差异的“错位”式幽默台词。三是冷笑话。韦晓军[①]老师认为，电影的台词很是幽默，营造了一种轻松愉悦的观影氛围，减轻了经典作品一贯的厚重感与严肃感，拉近了与观众的距离，这种将经典娱乐化的方式无疑是成功的。吴宇森通过令人捧腹大笑的台词，把充满传奇色彩的赤壁之战加工成亲民的电影。

在《赤壁》进入国际市场的过程中，对台词的翻译有着举足轻重的作用。安洪霞[②]老师以电影的英语字幕作为研究对象，认为《赤壁》展现了中国历史故事的波澜壮阔和细腻柔情，其电影字幕准确地传达了导演的意图。外国观众不再拘泥于语言的限制和不同语言转换的陌生感及生硬感，专注于咬文嚼字、费力理解语义，而能够在语言对等的条件下沉浸于影片的故事情节中，体会到与国内观众同等的观影愉悦。这都得益

① 韦晓军. 浅析电影《赤壁》(上)台词独特的娱乐效应[J]. 电影评介，2008(24)：37-38.

② 安洪霞. 翻译美学视角下的影视字幕翻译——以电影《赤壁(上)》为例. 河北师范大学英语语言文学硕士毕业论文，2014.

于字幕翻译人员对于两种语言习惯、两种文化系统的深刻熟悉与适当把握，这也为中国电影进入国际市场提供了另一种思路，即以优秀的字幕翻译推动中国传统文化、经典名著的传播，增强文化认同感和文化自信。

丁晶华[①]老师将《赤壁》作为研究案例，讨论电影字幕如何翻译才恰当，认为影视字幕的翻译需要结合关联理论，以做到合理精简，充分考虑两种语言系统的观众在认知环境上的差异性。电影字幕的翻译人员需要掌握不同的文化知识和文化意象在不同语言中代表的含义，揭示意向的双重含义，做到对文化问题的灵活处理。给受众带来最佳的译文字幕。影视作品不同于文本，它是动态的，立体的，实时反映电影的内容与思想，这些都决定了它的字幕翻译以目的语受众为主体。翻译其实是一个再创造的过程，如果仅仅只为让两种语言步调一致，却没有意译，就是错误的翻译。

如今，全球化的浪潮袭来，推动了跨文化的交流，中国电影需要走向世界，体现大国的文化自信，打造文化强国。但中国电影打入国际市场并非易事，首先语言上的限制就是一大难题。因此电影字幕的翻译变得日益重要。熊婷[②]老师从关联理论的视角出发，也以《赤壁》的字幕翻译为研究对象，从中归纳出多种形式的翻译技巧，如意译、浓缩、词义替换、意向增删等，这些翻译策略非常实用，能大大加深目的语受众对电影内容和中国文化的理解，达到有效地跨文化交际的意图，值得其他商业大片借鉴。

虽然电影《赤壁》获得了大量的赞誉之声，但与此同时，也出现了一些争议之声。不少观众觉得电影中许多片段的台词过于幽默，破坏了其肃穆的整体风格。颜明[③]老师对此却持不同看法，认为恰恰是这些台词使沉闷的影片氛围变得鲜活起来，虽然无厘头却颇符合现代观众的观影习惯，也为电影增添了不少价值内涵。电影《赤壁》的台词之所以令人

---

① 丁晶华. 从《赤壁》管窥影视剧字幕的翻译——浅析关联理论指导下的影视剧字幕翻译[J]. 科教文汇，2011（2）：127-128.

② 熊婷. 从关联理论角度看电影《赤壁》的字幕翻译[J]. 科技信息，2010（1）：202-230.

③ 颜明. 电影《赤壁》台词的“笑果”及效果分析[J]. 时代文学，2008（18）：141

捧腹，不外乎以下几个原因：一是独立于人物身份的台词；二是现代词汇的大量运用；三是语言的晦涩难解；四是仿词手法的运用。出彩的台词可谓强化电影整体风格的一把利器，具有吴宇森电影的鲜明特质。

当今世界上，各种文化的输出与输入大多依赖于电影，观众从电影中不仅能获得观影体验，还能就此了解其他文化背景及文化知识。因此，对于电影中的文化要素的呈现就十分重要了。翻译出的字幕能否有效传达影片的信息，能否体现本土文化的吸引力，这就要看翻译者的功底了。符俊[①]老师基于《赤壁》的字幕翻译，从目的论视角出发，提出翻译人员需要重视文化因素在其中的重要作用。翻译中运用的目的论与电影对其受众的意图正好是一致的。因此，译者要因目的的不同而调整翻译方式。杨明华、肖忆鑫两位[②]老师也结合目的论来探讨电影《赤壁》的字幕翻译，探析译者所采取的翻译策略，认为其用到了直译、归化、概略化、具体化、缩减五种方法，充分考虑了字幕的特殊性，使受众能感受到与国内观众相同的情感体验。研究表明，电影艺术是文化传播以及跨文化交际的载体之一，有利于增进处于不同文化中的人们之间的相互了解，而近年来大量外国电影涌入中国电影市场，以及中国电影的输出，为字幕翻译提供了有益的借鉴，字幕的翻译也将愈发受到电影行业专家和学术领域学者的重视。

三、《赤壁》中音乐与美术的研究

电影艺术可以说是一个多面体，是关于视听的艺术，其中，“听”即音乐、音效等。一般而言，电影中包含多类音乐，用于强化相关主题，类似于文学中的“复调”，不同支线各有各的发展轨迹、各有各的特色。程瑞雪[③]老师分析电影《赤壁》的音乐，认为这些音乐既体现出三国时期

---

① 符俊. 电影《赤壁》字幕翻译中文化因素的处理——从目的论的视角[J]. 考试周刊，2012（77）：14-15.

② 杨明华，肖忆鑫. 目的论视角下电影《赤壁》字幕翻译策略[J]. 现代交际，2012（8）：37-38.

③ 程瑞雪. 探究电影《赤壁》及其音乐的艺术魅力[J]. 电影文学，2014（18）：145-146.

波澜壮阔的历史、大气恢宏的场景、胸襟宽广的英雄，又体现出一些沉闷下的轻松诙谐，磅礴下的细腻，融入了现代意识，展现了一个现代的赤壁。

《赤壁》由叶锦添担任美术指导，其曾获得学院奖最佳美术设计的殊荣。刘琤琤[①]老师探讨了叶锦添在《赤壁》中所营造的美术风格。一是总体造型风格，电影中三国鼎立以三种色彩展现出来，旗帜鲜明，别出心裁。曹操一方色彩基调为黑色，缀以红色和金色，代表肃穆、厚重，增添了无形的压力。而魏军也确实是以 80 万大军压境，气焰正盛、威压迫人。孙权一方以红色为主基调，辅以白色，再加上诗情画意的环境渲染，体现周瑜的卓然气质。而蜀汉一方的主基调是梨黄色，佐以灰色。二是场景造型设计。《赤壁》中有两大宫殿的设计，一个为曹操所处的北方都城许昌，另一个为南方孙权的东吴。影片中的北方压抑而厚重，辨识度极高，宫殿色彩以黑金为主色调，沉闷无光，唯有正殿洒在王座上的一束阳光，而此光也并未给人以明快之感，而是凸显了重兵压境下汉献帝的幼小孱弱。而南方东吴宫殿的设计，是一种文静诗意而又略带神秘的巫风色调。此外，在赤壁城墙的构建上，曹营以主帅台为中心，饰以兽的野性与张狂之态，与此相对比的是，东吴军队则驻扎于悬崖峭壁之上，背山面海，依附于当地地势环境，虽巍峨耸立，颇有权威，然而军民之间无屏障隔开，留存着曹营所缺少的人情味儿。三是服装造型设计。在周瑜的人物设计上，叶锦添为他设计了一个中分的造型，此为当时贵族中年男子特有的妆容，周瑜长眉长鬓，具有带着古意的风流；在诸葛亮的造型设计上，叶锦添则以白色为主色调，令其看起来神清骨秀、仙风道骨；对曹操形象的设计，色彩运用上很极致，黑色体现沉郁庄重，辅以兽纹，气势逼人，服饰的剪裁又十分文雅，不到战争时刻不穿戎装，以此构建出全新的曹操形象；小乔的主体颜色也是中性，无太多饰物，朴素而大方，谦卑而守礼。倪海波[②]老师同样分析了电影《赤壁》中叶锦

① 刘琤琤．游走于“写实”与“写意”之间——电影《赤壁》美术风格浅析[J]．电影评介，2013（23）：33-34.

② 倪海波．文化消费品中三国题材的内涵转变——以《赤壁》网游和《赤壁》电影为例[J]．艺术评论，2008（8）：32.

添作为美术设计的服装设计手法：一是基于历史原型的服装设计，二是兼顾文学形象的服装设计，三是提升影像视觉效果的服装设计，四是古典基调下的时尚设计。

古琴这一道具在影片中虽仅仅出现一回，但也十分重要，值得关注。因为这古琴在片中演奏足足有 3 分钟之久，起着画龙点睛的作用。这是一段古琴对峙，以展现孔明与周瑜的内心活动。人物的心绪变化表现为琴声的高低起伏，虽只是一段小插曲，却推动着重要情节的发展，体现着两个主要人物的心理发展轨迹，是斗争还是合作，是相斥还是相惜，人物复杂的心理可见一斑。伍洋①老师以电影中的这段古琴音乐为例，探讨了其艺术创作的意图，同时剖析了其在电影里的作用。这是一段无对白的情节，诸葛亮、周瑜、鲁肃、小乔四人的表情被放大，这是观众下意识的行为，因为观众需要根据他们的表情来揣测他们各自的心理。这四人的神情也充分展现了其各自独特的心理状态和性格特征：诸葛亮足智多谋，一番对峙后迅速心领神会；周瑜仍有余悸，较为矛盾；鲁肃憨厚忠诚，却在这番较量中不解其意，茫然无措；小乔聪颖，知其意却不点破，神情平静。此段音乐更强调周瑜的内心世界的矛盾纠结，但最终琴声沉寂，一切归于平静，众人的心绪也复归平静，人物已隐隐达成共识，该处音乐的运用实为妙笔。

在电影中糅入中国元素也是这类大片的重要特点之一，成功地植入自身的民族文化对于传播本土文化、体现文化自信、打造文化强国举足轻重，而且有助于我国的文化创新。燕红梅老师②从《赤壁》的平面海报设计看中国元素的融入。她指出，当今文化相互交融、相互渗透，要在文化竞争中稳固根基，立于不败之地，中国电影界的设计师和艺术家们仍需致力于对文化创新路径的追寻。如在电影海报的设计、音乐创作、特效加工、美术指导、服装造型设计等各方面都寻求突破。这不仅仅出于文化传播的目的，还在于中国元素本身就是美的，中国文化源远流长而又深邃古老的特质对外国观众而言无疑有着相当的吸引力，有无相生

① 伍洋.《赤壁》中对古琴音乐的运用分析[J]. 电影文学，2010(24)：128-129.

② 燕红梅. 从《赤壁》的平面海报设计看中国元素的融入[J]. 电影文学，2012(17)：129-130.

的神秘联结，虚与实的对抗与交融，浓墨重彩与留白的古意。而将这些中国元素的特质应用于电影设计，能增添电影的文化内涵与表现力，增强中国电影的魅力，将文化传承和市场需求有机结合，推动中国电影业的长足进步。

朱虹、詹秦川两位老师[①]以《赤壁》分析中国传统纹样与现代电影的结合。一是兵器中的传统纹样，包括饕餮以及回形纹样；二是服饰中的传统纹样与人物性格的映射，包括卷草纹样与小乔、回形网纹与孙尚香；三是战事中的传统纹样，包括八卦纹样的表象和内详。研究表明：这些传统纹样形态各异、美不胜收，有待进一步发掘，研究我国的传统纹样是一种发现美的过程，能让我们更深入地体会到古人的智慧，透过古人的眼睛来观察世界上的一花一叶。将中国传统纹样融入对电影人物个性的塑造技巧当中，不仅具有古典美，还赋予了传统纹样以新的生命，为中国传统文化注入了新鲜血液。谢永[②]老师的研究表明，现实主义、浪漫主义、英雄主义的好莱坞美术文化对电影《赤壁》有填补作用，在布景方面突出真实性与恢弘场景，在技术特效方面增添视觉效果。

为了解电影《赤壁》中的动作戏，张力[③]老师采访了动作指导国建勇。采访中有三点值得关注：一是武打戏的真实性与创新性。二是在相关技术相对滞后的情况下，中国的武侠动作片仍然独具优势。中国动作片的设计理念是外国电影难以简单复制或掌握的。要知道，在中国，文戏与动作戏的拍摄方式是完全不同的，拍武戏比文戏难，它没有对白，也没有依据，得凭空去创造一些东西，而且还要有感觉和思维，怎么样用动作把人物内心表现出来，但最后还要回到剧本上。

音乐在电影艺术中占有重要位置，往往画面与音乐交织，画面在视觉上给观众以冲击，音乐在听觉上加以配合，调动观众的情绪，使画面更具真实性，让观众沉浸于画面之中，有入境之感。两者相辅相成，形

---

① 朱虹，詹秦川. 传统纹样在现代电影语言中的分析——以电影《赤壁》为例[J]. 电影评介，2009（2）：33.

② 谢永. 从电影《赤壁》探讨好莱坞美术文化对中国电影的影响[J]. 电影文学，2012（21）：129-130.

③ 张力. 电影《赤壁》动作指导国建勇访谈[J]. 北京电影学院学报，2008（5）：88-91.

成层次丰富的观影体验。观众在观看《赤壁》时，其画面与配乐珠联璧合，引人入胜，大家所耳熟能详的火烧赤壁的故事逼真地呈现在观众眼前，并被赋予了新的内涵与时代精神，大气磅礴的英雄史实令人折服。王知音[①]老师发现影片中的音乐体现了三点：一是人心向背对于战事的决定性作用，二是瑜亮之间惺惺相惜的知己之情，三是英雄美人传说的现代解读。她认为:《赤壁》为一部有现代意识的史诗故事。这部电影所体现的是在当代人的视角下对东汉末年三分天下时代的想象，那是一个战火纷飞、英雄辈出、权谋较量的时代，各类人物粉墨登场，充满引人追忆的轶事，可以给电影人提供充分发挥想象与施展才能的舞台，而配乐、音效等时而气壮山河，时而柔情似水，音乐随情节变幻而起伏，调动观众情绪，升华电影的主题，为观众贡献了视觉与听觉的盛宴。

柯莉[②]老师创作了电影《赤壁》的音乐听后记，她提出了自己的观影体会，认为《赤壁》配乐总体上确实起到了渲染氛围、调动观众情绪的作用，音乐形成了一种复调，有层次感，由浅入深地烘托主旨，让观众喜悲参半。但《赤壁》是 部历史剧，偏向严肃厚重的正剧风格，一些配乐在其中看来多少有违和感。王飞老师剖析了该部电影音乐的魅力构成[③]，提出了几点有益思考，他认为，如今的电影技术正不断臻于完善，电影人的拍摄技巧也正变得更纯熟，再加上国外电影的流入，能借鉴的优秀技术和艺术理念如过江之鲫。俗话说电影是无国界的，中国电影在这样的浪潮中也获得了一些进步，其运营方式日益趋于标准化、专业化，并形成了自己的特色。电影业的整体进步也带动了其音乐的进步，这种倾向自然是好的。然而，电影音乐在市场经济环境下依旧是不可因消费行为而妥协的。电影确实要遵循商业规律、市场规律，它既是一种商品，又是一种艺术品，更是一种文化产业。因此，电影还要保持它的艺术性，保持它作为“美”的事物的不妥协精神，这就要遵循艺术规律，电影音乐变成保持艺术性的一条底线。换句话说，电影人必须遵循音乐的创作

① 王知音. 电影《赤壁》及其音乐欣赏[J]. 电影文学，2011（14）：139-140.
② 柯莉. 电影《赤壁》音乐听后记[J]. 电影评介，2009（9）：36.
③ 王飞. 以电影《赤壁》为例探微电影音乐的艺术魅力[J]. 电影文学，2012（23）：133-134.

规律，尊重电影情节发展和人物情绪变化，不能为了一时噱头而胡乱添加音乐，也不可为了活跃气氛而哗众取宠，添一些无厘头的笑料，破坏电影的整体氛围。好的电影音乐是与电影情节发展相伴相生的，无论是阳春白雪，还是下里巴人，只要令观众身临其中、沉醉其中，传达电影的信息，观众自然能听懂，也觉得颇有意趣与意境。电影《赤壁》取材于三国故事，是一部偏向于历史正剧的英雄史诗，其主题音乐本因跟随主旨，气贯长虹、声势浩大，结尾苍凉悲壮、沉郁顿挫，是一种相当惨烈的战事，伴随着无数的牺牲流血，胜者并没有为王之感，此处运用中国传统民乐的群体演奏更能表现出这一复杂的心绪，但影片迎合国际市场，运用西洋交响乐，慷慨激昂，却失了味道，不够悲悯沉重。从此案例中可以看出，我们的电影音乐需要更多的思考。

《赤壁》中的音乐由日本音乐家岩代太郎创作。岩代太郎充分发挥了自己的才能，在其中加入多种风格的音乐，颇有创意。甘子琦①老师用“霹雳手段、菩萨心肠”来形容《赤壁》中的音乐，认为曹操挟天子，刘备抛妻弃子等属于“霹雳手段”，但他们都是出于大义，不得已而为之，又都是“菩萨心肠”。而电影音乐也是时而对抗， 时而交织，体现人物矛盾的一面，层次丰富。

叶锦添老师撰写了《赤壁：电影美术笔记》②一书，整本书介绍了魏、蜀、吴三国的特点，展现了三国时代的整体风貌，并且分别从服饰、战船、建筑、社会生活、武器等五方面阐述了主创人员的研究成果。

四、基于艺术与商业角度的电影评价

由三国历史衍生出了各种传奇、演义、戏曲、小说等文本形式，它们构成了以三国历史为核心的系统，而当代，相关电影及电视作品也属于该系统。何婧雅、谢丽娟③两位老师强调电影《赤壁》属于演义文本的

---

① 甘子琦．霹雳手段菩萨心肠——电影《赤壁》音乐分析[J]．当代音乐，2016（7）：78-80.

② 叶锦添．赤壁：电影美术笔记[M]．北京：当代中国出版社，2008.

③ 何婧雅，谢丽娟．续貂并非皆狗尾——电影《赤壁》刍谈[J]．传奇·传记文学选刊，2010（3）：7-9.

续作。一方面，赤壁之战确实取材于演义文本的一小部分，人物故事与原作大同小异，整体故事发展走向大概一致，是《三国演义》的正意承续。另一方面，该故事也有导演的演义，导演和编剧在原作基础上进行故事内容的扩充，将历史上脸谱化的人物复杂化，由人物表情深入其内心，叙事的视角也从演义中的诸葛亮换作了周瑜，可以说是一种十分高明的手法，使得观众耳目一新，对三国故事有全新的认识。在影片中，女性叙事权力也有体现，不似《三国演义》中女性仅是一种符号化的存在，少有鲜明的个性描写和人物刻画，这可以说是电影版颇为人称赞之处。但是，电影《赤壁》对人物"去脸谱化"的处理仍然不算彻底，如曹操的形象依旧比较刻板，依旧是阴郁不讨喜的角色，缺乏现代精神的阐释。

《〈赤壁〉侧写：真相·纪实·花絮》[①]一书记录了《赤壁》拍摄的全过程，其中描述了《赤壁》台前幕后的故事。王珏惠[②]老师回顾了自 1959 年起，编剧梁信与谢晋导演筹拍《赤壁大战》计划的搁浅，20 世纪 90 年代初，上海电影集团公司想要筹拍该系列电影，到吴宇森的《赤壁》后来居上，电影《赤壁》经过了半世纪历程。

《赤壁》颠覆了人们对三国故事及其人物的传统印象，陈克红[③]老师也认为这是一次颠覆，带有鲜明的吴氏电影特色，又能在电影全球化浪潮下顺势而为，赢得商业与艺术上的双口碑。颠覆在于：一是在全球化背景下对古典名著进行全新的重构。《赤壁》对演义文本中的相关内容进行了创造性改编。吴宇森在保留经典文本中主要情节的前提条件之下，给影片带来了较以往同题材作品更多的颠覆性元素，对原有的冲突动因、人物形象、人物关系进行了大胆改造。影片对人物进行聚焦，对原作进行故事新编。二是该电影是在好莱坞大片语境下，中国商业大片的一次自我突围。三是吴氏风格的迷恋和重构，包括兄弟情谊、正邪不两立、侠骨柔情、暴力美学。四是多重叙述立场的接受迷乱，包括多重的叙述

---

① 牛春龙.《赤壁》侧写：真相·纪实·花絮[M]. 厦门：鹭江出版社，2008.

② 王珏惠. 电影《赤壁》的半世纪[J]. 观察与思考，2007（22）：56-57.

③ 陈克红. 吴宇森的三国"江湖"——评《赤壁》[J]. 电影新作，2007（22）：14-19.

身份、多重的叙述语言、多重的接受主体。

三国故事可以说成为了一种大热品牌，从文学、影视乃至游戏，周边产品相当受欢迎。《赤壁》的成功表明，可以在民族文化中寻觅巨大的商业价值，并达到于无形之中传播民族文化的目的，如《赤壁》同款网游的开发，令玩家在娱乐中也能了解到三国历史，在潜移默化中受到民族文化的熏陶，使得民族文化在玩家心中激起民族自豪感和认同感，这是一种其他形式难以替代的满足感和获得感，这是好的一面。然而，在经典通俗化、娱乐至死的年代，人们应扪心自问这样的状态是最好的吗？姚成[①]老师意识到，虽然我们提倡人民喜闻乐见的大众文化，但大众文化与通俗文化、流行文化不一样，大众文化不是一种普世价值，而是有所差异的。将历史经典通俗化会在一定程度上达到传播民族文化、经典著作的目的，但过度地把文化通俗化、娱乐化会造成人们对经典的误读，最终使经典失去原有价值。一些有关三国的网络游戏中，人物形象偏向西幻风格，一些影视的人物造型、服饰与其所在时代背景完全不符，将人们的关注点引向错误的地方。这些是改编经典失败的案例。因此，绝不能为迎合商业市场而将文化经典庸俗化，若要超越原著，正确的做法是提升思想高度，抓住民族文化的精髓，将其植入衍生作品之中。

李诗晓[②]老师总结了中国流行的古装“大片”的几个特点：在电影所体现的价值观上，人物大多是法家的信徒，重权轻义，在权谋争夺中乐此不疲，醉心于权术之中；在人性刻画上，着力突出人性之恶，每部电影中皆有一个暴君式的人物，性格阴晴不定，对于生杀予夺具有病态的迷恋，令人侧目；在影片的影像风格上，崇尚暴力美学，编织出血流成河、伏尸遍野的惨状，安排诸如竹阵、箭阵、狂牛阵、枪阵等场面，与人性之残暴、杀戮相互呼应；在表层文化元素上，深挖中国文化符号背后邪恶的本质，如《十面埋伏》中的竹林，并非有礼有节的君子象征，而沦为无形中就能置人于死地的武器。在悲剧源头上，它们都是由导演

① 姚成. 文化消费品中三国题材的内涵转变——以《赤壁》网游和《赤壁》电影为例[J]. 消费导刊，2010（7）：14-15.

② 李诗晓.《赤壁》：类型化古装“大片”的叛逆者[J]. 电影文学，2010（3）：79-80.

创作的人造悲剧。

在这类古装大片中，《赤壁》虽具备相类似的特征，比如豪华的明星阵容、炫丽的特效场面、巨额的投资、铺天盖地的宣传等，但在情节安排、叙事视角、价值取向、人物刻画、影像风格等方面却相当与众不同。《赤壁》是“叛逆者”，颠覆了类型化古装大片。李诗晓把《赤壁》的特点归纳如下：首先，用戏谑化的手段解构恢弘大气的史实叙事结构，将古典文化噱头化；其次，遵从儒家宣扬的仁义观，惩恶扬善；最后，在坚持主旋律文化的基础上，融合些许西方文化元素。杜冬颖[①]老师详解了《赤壁》在“大片”道路上的探索。一是艺术创作方面，有高科技含量的艺术化制作和人文思想的注入；二是市场开拓方面，包括造势宣传策略、品牌策略、预售策略、立体发行策略和衍生经济。杜冬颖认为，从制片、发行影片、电影放映直到周边产品的制造，电影《赤壁》向西方电影取经，摸索出了一条较为成功的道路。例如，把制片与发行两个重要环节相结合这一做法，借鉴了好莱坞的一套标准体系。此外，在音像发行上也有创新模式，音像商首先要保护版权，打击盗版，然后设置保底价，后期票房收入如能达到事前预定，将参与分账。在大电影产业观念的辐射带动之下，中国电影企业开始将内容和渠道结合在一起，强化产品与市场的联结，使电影产业实现效益最大化。中国电影人在政府的支持和市场的引导下，勇于探索本国的电影产业之路，中国电影的商业化进程发展迅速。

吴氏《赤壁》提供了这样一种可能，即人们可以对历史作出更具体、更有人情味的解读。马晓峰、王祖友两位老师认为[②]，电影《赤壁》赋予了女性以话语权，在女性形象上也着墨甚浓，增强了电影的可观赏性。它也颠覆了观众对赤壁之战中英雄的印象，通过历史令观众重新认识历史和经典，《赤壁》使观众用新的视角重新审视自己对那段历史的解读，引发历史思考。

自古文人皆爱追忆英雄美人，“赤壁”就是一个众多文人以诗词争相

---

① 杜冬颖.《赤壁》在“中国式大片”道路上的探索[J]. 艺海，2010(2)：65-66.

② 马晓峰，王祖友. 电影《赤壁》的新历史主义解读[J]. 剑南文学，2009(9).

吟诵的意象。这其中，苏轼的《念奴娇·赤壁怀古》最为著名。张春晓[①]老师将这首词作为切入点，阐释东坡此词对电影的影响，研究认为：第一，《赤壁》是史诗电影，以诗词歌赋来传达复古之意符合其定位；第二，对于观众而言，诗情画意代表了传统的认知，更易为观众接受；第三，诗词歌赋的运用赋予了电影诗意，由此获得了古典的视听。诗意表达的充分利用提升了影片《赤壁》的表现张力，使古典意味更为浓重。与此同时，还使得电影的主旨在各方面都得到了强化，这些都体现了古典诗词的现代接受效应。

周雪[②]老师赏析了《赤壁》中波澜壮阔的交响乐、幽远缠绵的牧笛声、泄愤励志的古琴曲，尤其谈到了阿兰演唱的主题歌《心战》与《大江东去》，认为其震撼人心。

导演吴宇森有多年从影经历，其导演功力深厚，作为香港电影导演中的佼佼者，他积累了丰富的经验。吴氏电影也是暴力美学的代名词，他不仅很好地承袭了香港电影文化的优秀传统，还具有强烈的革新意识，懂得树立自己鲜明的个性特征，使暴力成为了一种“有意味的形式”，为世界影坛对暴力题材的审视提供全新的视角。衡小丽[③]老师认为，吴宇森深知音乐之于其电影风格的重要性，他熟知如何运用音乐来把握暴力尺度，从而调动观众情绪。他在《赤壁》中将“暴力美学”与音乐结合，对电影有着尤为重要的意义。

除了鲜明的个人风格在影片中有体现外，电影中的女性角色也值得一提。唐晋先老师[④]分析了片中的孙尚香与小乔两个女性角色。他认为乔、孙两人在赤壁之战中起着相当重要的作用。两名女性各有特色，皆拥有中国传统美德，才智双全，都是令观众欣赏、喜欢的角色。其中孙尚香

---

① 张春晓．古典诗词的现代接受效应——以《念奴娇·赤壁怀古》对电影《赤壁》的影响为例[J]．江西师范大学学报：哲学社会科学版，2012（3）：73-78.

② 周雪．管弦丝竹风流千载——《赤壁》影片的音乐欣赏[J]．电影评介，2009（11）：34-35.

③ 衡小丽．换个角度看《赤壁》——浅谈《赤壁》中的暴力美学与音乐[J]．电影评介，2008（24）：39.

④ 唐晋先．巾帼赤壁展英姿决战天下显身手——《赤壁》女性形象分析[J]．电影评介，2009（19）：32-33.

性格直率却聪颖机警，小乔看似温柔却也有以柔克刚的韧劲。导演安排了孙尚香绘制阵营图，小乔献茶艺使曹操贻误战机的情节，尽管观众对此情节颇有微词，怀疑情节的逻辑性，但画面赏心悦目，增强了电影的可看性。

王敏[①]老师从宏观上分析了《赤壁》所构建的影像三国，在场景布置上，整个电影场面气势磅礴、波澜壮阔，战争场景排山倒海，视觉冲击力十足，体现了史实电影的特色，但在庄严肃穆的大环境下，加入了些许喜剧元素，这些幽默笑料颇有现代气息，形成了对厚重历史的轻巧解构，值得借鉴。

质疑与批评没有影响《赤壁》票房的大卖。而且根据新浪网的调查，观众对于《赤壁》的观影评价中虽存在各种质疑之声，但大部分的观影人还是感觉电影很不错，可观赏性超过他们之预期。傅根生[②]老师密切关注这一问题，他认为没有人批评的电影是寂寞的，只有批评的评论是荒唐的。电影是艺术品与消费品的集合体，免不了要收到观赏者的评价和消费者的反馈，观众便充当了观赏者和消费者的双重身份。对于电影产业而言，电影批评是一个举足轻重的环节，它联结着电影的生产与电影的消费环节，电影的首映礼作为一个仪式，起到了宣传作用，而首映过后观众及影评人的评论对后来的消费行为起到一个引导作用，权威影评人的最新评论更能成为人们是否选择观看这部影片的风向标。因此，影评活动有一种矫正功能，清醒、理智的影评能帮助淘汰市场上的劣质品，即所谓的“烂片”，引导电影业的正确发展道路。当然，一些恶意的影评也会助长低级诽谤的不正之风，导致影视批评沦为个人偏见无限放大的阵地，难以发挥积极的价值评判功能。因此，要客观理智地进行影视评论，对电影生产活动的良性发展有所担当。

影片上映后，CCTV6 频道专门对《赤壁》的拍摄过程进行长达两个半小时的直录播。此次直录播构建了一个“媒介事件”，通过中央电视台

---

① 王敏. 看《赤壁》，数千古风流人物[J]. 电影文学，2010（11）：15-16.

② 傅根生. 历史、文本与消费——《赤壁》的接受与批评[J]. 理论与创作，2008（5）：116-119.

与《赤壁》剧组合作，达到“事件营销”的目的。张迪[①]认为，这一“媒介事件”是双方共谋的结果，达到了双方实力的共显和双方共赢的结局。王万尧[②]老师谈到，《赤壁》虽然是吴氏风格的延续，但也体现出一些吴宇森自闯入好莱坞影坛后的转变，他不单单是注重硬朗的英雄情结和男人间的情谊，还开始关注女性的内心世界，给女性角色以话语权，表达她们的情感。

2008 年 7 月 10 日至 8 月 14 日，《赤壁》在内地上映一个多月，击败《满城尽带黄金甲》，创下了华语电影的最高票房纪录，此前这一记录由《满城尽带黄金甲》保持。赵大军[③]老师强调，电影《赤壁》所取得的巨大成功显示出观众对主创人员创意的认可。《赤壁》虽然是高成本投入，却也获得了高收益和好口碑，成为中国商业大片的成功范例，它获得成功的原因可归结为以下几点：一是古典传统剧情的审美认可，二是暴力美学与古典美学相融合的影像风格，三是融入现代式幽默的历史正剧，四是阵容庞大的明星演员，五是借鉴于好莱坞的宣传推广方式。

《赤壁》的成功可谓空前，一方面，吴氏暴力美学和对于三国历史人物的颠覆性塑造是一大看点；另一方面，女性角色的加入也为电影增添了几抹不容忽视的亮色。张琳[④]老师在人文关怀视野下，就“暴力美学”、真实与虚构和女性形象三点作出解读。

五、《赤壁》中文化与精神的跨文化传播研究

电影是艺术品与消费品的集合体，作为艺术品的它具有文化属性，而作为消费品的它拥有商业属性，这样的双重属性让电影产业的发展充

---

① 张迪．直播：打造“媒介事件”构建双赢格局——《片场直击中国赤壁》点评[J]．电影评介，2008（6）：1-2.

② 王万尧．奇观化的通俗叙事与暴力美学——论吴宇森电影的主题与风格[J]．创作与评论，2013（20）：104.

③ 赵大军．千帆竞斗赴商机——简评大片《赤壁》的商业电影元素[J]．《电影评介，2009（1）：39-40.

④ 张琳．人文关怀视野下的吴宇森电影《赤壁》[J]．青年文学家，2009（4）：62.

满矛盾，究竟该怎样做才能兼顾电影的文化与商业属性，这一点值得深入思考。韩力扬[①]老师认为，兼具两种属性不是一种可能性，而是必要性，商业电影也要能够传播文化。打造商业大片是中国电影步入国际市场的第一步，其中必定要将中国文化与中国特色鲜活地呈现于全球观众眼前，从而使得世界了解中国社会现状，正视中国历史文化，这就需要中国电影摸索出本土化等手段，既不能太生疏，拒外国观众于千里，又不能太“国际化”，把本土特色改得洋味十足以致面目全非，让本国观众看得不是滋味。在中国电影走向世界的过程中，我们曾陷入过这样的境地，即让中国电影逐渐失去自我，失去本土特色。所谓的商业大片一味迎合国际市场却没有找到正确的突破口，不断重复着一个模式，使得电影品质没有提升、没有进步，被诟病为“没有艺术追求”。西方优秀电影的艺术价值确实值得肯定与借鉴，但是不知从何时起，这种借鉴却变成了一种拙劣的模仿和复制，许多电影从业者以西方电影的价值评判为准绳，将之蛮横地套用到我国电影的创作过程中，构建出西方人所以为的东方，拍出非中非西的片子，导致严重的“水土不服”，文化霸权主义是否在不知不觉中已深入骨髓而不自知？这些都值得中国电影人深思。

电影导演承担着一个重要使命，即传承文化精神。而电影中的文化价值也恰恰是传播民族文化的一个前提条件，无论是本国民族文化还是其他民族文化，都需要电影人的传播。在我国电影的发展过程中，电影人不断汲取国外的成功经验，中国电影呈现与西方艺术特点交融的倾向，利用西方优秀电影的创作与营销模式来更好地保持和发展本民族文化特色。陈勇曦[②]老师强调，《赤壁》以三国为舞台，将人们所熟知的历史故事和历史人物搬上大银幕，能够展现民族文化精髓，达到跨文化交际的目的。《赤壁》融入了现代视角，在全球观众面前展现了中国的文化特色和东方美学价值，这部电影的成功将鼓励后继者在电影中融入民族意识和民族文化，为电影文化传播提供了一种全新思路。

① 韩力扬．一个人的江湖和面向世界的《赤壁》演义[J]．艺术评论，2008(8)：11-14.

② 陈勇曦．从《赤壁》看视听语言中的电影文化[J]．青年文学家，2009(16)：55.

电影《赤壁》以“忠义”理念推动古代文化前进的步伐，以英雄间的情谊展现古今人共同追求的人文精神，以和平理念宣扬古代核心理想价值，以团结理念凸显古代精神文化的精髓。臧焱辛[①]老师以《赤壁》为切入口，挖掘电影中传达的的古代文化精神，认为电影人应怀有一种历史使命，因为电影是各民族历史文化的缩影和展示平台，承载了特定时期的历史文化，开展了文化上的有益创新，是大胆的尝试。《赤壁》之后，必将有更多的国产电影出现在世界文化竞技场上播撒中华历史文化。

李阳[②]老师以电影《赤壁》为例探索翻译与文化的关系，他认为语言承载文化，也是文化的组成部分，它记录着文化的存在与演变，同时也受文化的影响和制约。在翻译的过程中，译者不但要有双语能力，而且要有双文化乃至多元文化的知识，因为只有这样，才能最大限度地再现一个民族丰富多彩的文化现象。

《赤壁》是以好莱坞大片的技术和艺术手法拍摄出来的中国古装史诗片，本身就可以被视为在现代工业文明中将民族文化符号意义进行国际传播的典型作品。中、西两种模式、两套价值标准体系必定会产生一些矛盾。杨珍[③]老师以《赤壁》为例，强调面对跨文化交流过程中不可避免的“象征性参照”问题之时，模仿西方模式一定会以其思维模式来思考，为其话语权所影响；而转向传统又会发现传统已支离破碎却也和现代性隔膜太深，这是一种两难的困境。既然这样的困境我们无法逾越，那么“对任何历史知识与人类真正需求的权威性假定提出质疑。允许对立的、互相矛盾的各种声音、议论、论著、论调互相对话，允许它们悬而未决、竞争和争斗”——这未尝不是一种多元文化背景之下宽容的文化心态。

电影艺术是一种文化的体现和一种文化的输出。岳振国[④]老师认为，电影《赤壁》中置入投壶、蹴鞠、剑舞、书法、绘画、茶艺、音乐等中

① 臧焱辛. 古代文化的影像书写[J]. 电影文学，2013（9）：96-97.

② 李阳. 以电影《赤壁》为例探索翻译与文化的关系[J]. 电影评介，2014（16）：80-81.

③ 杨珍. 跨文化传播中民族文化符号意义的象征性参照——以电影《赤壁》为例[J]. 新闻界，2010（2）：20-22.

④ 岳振国. 论电影《赤壁》对中国传统文化的传承与弘扬[J]. 衡水学院学报，2010（3）：61-63.

国传统文化艺术形式，让国内外观众都能受到文化的洗礼和熏陶，感受中华文明的深厚底蕴，推动中华文化走向世界，树立中华民族文化自信。

卢玉萍①老师主要以电影《赤壁》为主题，从几个方面对文化传播中的民族精神进行具体分析：一是电影中的民族精神的体现，包括电影所处背景时代赋予电影的文化意蕴，制作班底双重文化寓于电影《赤壁》的背景意义。二是电影中的传播手段方面，包括个人英雄主义、口语化的对白、好莱坞式的战争场面的渲染。三是片中具体的片段表现出的文化差异，包括借东风的文化意蕴、“略懂”的文化意蕴。卢玉萍总结道：吴宇森导演合理运用其制作团队独特的天然文化因素，通过个人英雄主义在电影中的体现、口语化的对白和好莱坞式的战争场面的渲染，让观众从各种层面上接受有中华民族特色的民族精神，为中国走向世界贡献了自己的力量，可谓功不可没。

电影是跨文化传播的载体，杨颖②老师通过电影跨文化传播的分层解读模式对《卧虎藏龙》和《赤壁》进行剖析，认为要更好地实现电影跨文化传播，就要提高视听效果，创造共通的语境，关注题材和故事中文化共通的符号，通过故事与主题的契合达到深层共鸣，作品应采取宽容的文化态度，打通不同文化间的审美隔阂，以获得多元文化的接受认同。

① 卢玉萍．浅谈电影《赤壁》中民族精神的跨文化传播[J]．电影文学，2012（12）：92-93.

② 杨颖．浅析电影的跨文化传播——以《卧虎藏龙》和《赤壁》为例[J]．电影评介，2009（18）：32-33.

第二节

电视剧研究

《三国演义》不是历史，从罗贯中手中一直修正到清代，也是不断在修正故事和文字，它只是个文学范本，不是历史演绎，只是给大众娱乐提供一种方式，提供一种视觉理念。

——高希希

一、《三国演义》电视剧研究

在1994年版电视剧《三国演义》中有一段经典情节：曹操于赤壁之战前夕一时兴起，慷慨赋诗《短歌行》，但乐师师勖称此音有不祥之兆，曹操于盛怒之下，举槊将师勖刺死。冯传亭[①]老师指出，《短歌行》全诗充满了王者之气，英雄气概隐含其中；但在剧版《三国演义》中，文学诗歌《短歌行》的引用却是旨在展现曹操的奸雄形象，继而为曹操失利于赤壁作铺垫。这种表现手法明显与《短歌行》所传达的意境有所偏离。

沈伯俊老师研究发现，现如今《三国演义》剧版创作中，需要解决以下矛盾[②]：首先是小说所表现出的浪漫传奇色彩与电视剧所追求的求真务实风格之间的矛盾；其次是小说本身情节的充实与电视剧根据需要进行剧情裁剪的矛盾；再者是电视剧在呈现小说详写、略写方面的矛盾；接着是忠实书迷对于拍摄效果的高期望值与电视剧实际呈现效果之间的矛盾；最后改编者的艺术期待视野与一些观众的心理接受能力之间的矛盾。

《三国演义》最早于1994年被改编为电视剧，一经播出，由改编名著而出现的种种问题成为研究者讨论的一个核心问题。袁晶[③]老师在研究《三国演义》影视改编作品时，以文学文本、影视文本为切入点，对其话语实践的主体，话语获得合法性和有效性的语境进行分析，旨在证明文学并非其本质，而应为一种构成，我们所身处的时代背景决定了所呈现出的文学作品样式，也影响着我们对作品的审美与判断，这些都是时代的产物。传统与异端、文学与非文学的文本，虽然它们之间存在差异性，但又相互联系、相互流通，文学传统的发展过程充满了竞争，也因此一次又一次地更新。

夏青[④]老师以曹操败走华容道这场戏为范本，深入分析了演员在其中

① 冯传亭.《三国演义》电视连续剧中《短歌行》主旨的偏离与悖误[J]. 电影文学，2008（10）：75-76.

② 沈伯俊.《三国演义》电视剧面对的五大矛盾[J]. 电视研究，1995（4）：14-17.

③ 袁晶.《三国演义》影视改编的话语分析[J]. 电影评介，2011（13）：64-66.

④ 夏青. 从华容小道看角色意识——电视剧《三国演义》人物小析[J]. 电影评介，2007（20）：68-69.

表现出的角色意识。这集中表现为两点，第一，角色的饱满程度与真、善、美之间的关系；第二，假、恶、丑同角色之间模糊、混淆及错位的联系。与此同时也强调了作品质量和作者本身素养直接相关。曾毅[①]老师认为自电视剧《三国演义》开播以来，诸葛亮的形象受到了人们广泛的喜爱。其形象可从以下几个角度来定位：君臣之道的践行者、良臣贤将之成者、赤胆忠心的劳者、出师未捷的伤者。尽管不是首创，但原著作者对于诸葛亮这一形象的精心刻画才是这四种形象产生的源泉。诸葛亮这一光辉形象始终在后世诗人的创作中占有极高地位，创作者多结合自身经历，对诸葛亮多有吟咏，从中找到共鸣。从诸多吟咏中，诸葛亮的形象逐渐鲜活起来，主要表现即为上述四种。

言语交际活动的作用集中体现为传达说话人的思想。说话者常采用明示的途径传达一定信息，使听者进一步懂得自己的意图。信息和语境的最佳关联是演绎推理的关键依据。为使听者明晰谈话者的意图，应将信息准确无误地纳入明示推理模式中进行演绎推理。吴学进、符章琼[②]两位老师对电视剧《三国演义·煮酒论英雄》中的人物对话进行了语言学话语分析，从语境关联理论的角度，分析人物特点，进而达到对剧作本身品评的目的。

魏国头号人物曹操在电视剧《三国演义》中，文韬武略，充满了传奇色彩，其性格特点突出，一生多疑、诡诈，致使其终难成千古一帝。王冬梅[③]老师认为对曹操性格的形成有着深远影响的主要原因有以下三个：深入骨髓的儒家思想；遭人鄙夷的童年；令人胆战心惊的战争环境。

宋洪民、张红梅[④]两位老师点明了《三国演义》电视剧语言运用中存在如下瑕疵："故而将他杀之""吴蜀两家联手""久闻先生礼贤下士""子

---

① 曾毅. 以历代咏诸葛亮的诗歌印证电视剧《三国演义》中诸葛亮形像[J]. 电影文学，2008（5）：117-118.

② 吴学进，符章琼. 电视剧《三国演义》的人物对话赏析[J]. 电影文学，2012（6）：135-137.

③ 王冬梅. 电视剧《三国演义》中曹操多疑性格解析[J]. 电影文学，2013（24）：77-78.

④ 宋洪民，张红梅. 电视剧《三国演义》语言运用指瑕[J]. 语文建设，2007（4）：50-51.

敬，此箭头上有毒啊”“后主刘禅降诏”。左岩[①]老师探讨了近二十年来《三国演义》的传播情况及其价值实现。在谈及改编时，她提出：改编名著需把握好“尺度"。改编必须保持原汁原味，在不改变原著的精神内涵、典型人物形象及原著的艺术风格的前提下进行再创造，尽可能使名著改编给文学创造以新的生存空间，这样既有利于文学自身的发展，也能避免使文学逐渐成为“影视传媒的附庸”。

电视剧《三国演义》中的英雄塑造[②]是王凡老师硕士论文中的部分研究内容。他以小见大，对此进行了总结[③]：对于历史演义小说而言，电视剧《三国演义》可以作为一个集文学、历史和影视艺术等元素于一体的文学改编创作的范本。首先，其对原著人物的语言、动作、性格特征、精神风貌等所表现出的尊重正是对人物形象的影像化重塑。这一重塑既表现了通过影像媒介普及、传播历史演义小说是影视改编的根本前提，又体现了影视改编名著应充分忠实于原著精神这一基本准则。此外，初次改编历史演义题材电视剧，在人物塑造方面应在允分尊重文本的基础上，对其中的人物形象及故事情节、思想内涵、表现手法等方面进行加工提炼，而上述种种正是由观众本身的审美接受习惯以及电视剧的人物塑造方式、叙事特点、传播方式所决定的。尤为重要的是，在改编式塑造历史演义小说人物形象的过程中，电视剧主创者塑造了在文学、历史等传统文化视野背景下与原著小说相比更加丰满、立体的英雄形象，展现了英雄们真实复杂的性格特征。这些均为历史演义小说影像改编的再次践行积累了丰富的艺术经验。

经典名著《三国演义》中“空城计”的故事家喻户晓。在长达数百年的接受历程中，文人们曾经尝试运用戏曲、说书以及剧作等多种表现形式对这个经典故事进行重新诠释。由于各种艺术形式自身的特点，在

① 左岩．近二十年《三国演义》影视传播及价值实现研究[D]．山东大学古代文学硕士毕业论文，2011：48.

② 王凡．明清小说电视剧初次改编研究——以人物塑造为中心[D]．陕西理工学院中国古代文学硕士毕业论文，2014：16-26.

③ 同上，第 121 页。

对名著演绎的同时也或多或少带有相应的题材印记。杨巍[①]老师为探究各种文学体裁对“空城计”这一故事表达的得失，对原著、剧作和京剧表演进行了对比分析，得出如下结论：第一，原著以文字叙述所具有的简练笔法，以遗貌得神的手法刻画出一个大局在握、料事如神的诸葛亮形象，但在细节呈现上显示出种种不足，人物内心活动的叙述也有所欠缺。第二，电视剧以其自身的特色鲜活地呈现了原著中的细节描写，令情节更生动，人物形象更鲜明。第三，京剧表演具有虚拟化、程式化的特点。因此这种形式可以通过唱腔由表面渗透到人物的深层，对内心种种活动展开细致入微的分析。以上三种艺术形式各具特色，均不可取代。

电视画面是电视剧艺术的主要表现方式，电视剧《三国演义》为观众展现了一个雄伟壮阔的战争场景。画面是由镜头组成的。王诗文[②]老师发现，从总体上来看，《三国演义》的画面总体表现为动中有静，静中有动，以动为主；在镜头上则呈现为长、短镜头交替使用，结合大量空镜头、特写镜头、全景镜头和特技镜头的运用，使画面愈加传神，总体上达到了形神兼备、情景交融、融情于景的目的。

《电视连续剧〈三国演义〉艺术评论集》[③]是赵群老师搜集老版电视剧《三国演义》座谈会上的论文、发表在报刊中的一些文章与部分背景资料以及部分演职员采访记而集结出版的一部珍贵文集。

1994年版的《三国演义》是中国二十世纪八九十年代根据经典名著改编电视剧的成功范例。王凡[④]老师认为其虽存在着原著的浪漫传奇风格与电视剧求真务实的矛盾，原著紧凑的故事与剧作剪裁的矛盾，原著简略得当与影视剧中细节展现的矛盾等不足，但总体来说瑕不掩瑜。在“文学即人学”的创作理念的指导下，创作人员对周瑜等人物形象的人性化

---

① 杨巍. 浅析“空城计”的接受与再创造——以电视剧《三国演义》与京剧《失空斩》为例[J]. 赤峰学院学报：哲学社会科学版，2015（4）：152-154.

② 王诗文. 谈电视剧《三国演义》的画面与镜头[J]. 宿州学院学报，2004（19）：82-83.

③ 赵群. 电视连续剧《三国演义》艺术评论集[M]. 北京：中国广播电视出版社，1996.

④ 王凡. 由周瑜的塑造看电视剧《三国演义》的文学改编意识[J]. 成都大学学报：社会科学版，2013（3）：59-63.

塑造实为一次积极的尝试与实践。不仅在我国名著改编电视剧的发展历程中画下浓墨重彩的一笔，也为此后的种种实践提供了不可或缺的艺术经验。

二、新版《三国》研究

曹操历经从意气风发到老骥伏枥几个不同时期的社会背景，期间也经历了不同的道德抉择。因此对曹操进行道德评价也应结合不同阶段其行为所得到的最终反响来进行。从人类文明史的角度看，基于曹操本身性格的多重复杂性，无论曹操是治世之能臣亦或是乱世之枭雄，对他都不应只作道德层面上的评价而不顾其历史功绩。再者一味相信民间的定论而忽视他在政治建设中的颇多建树，均失之偏颇。曹操在政治、军事、经济、文化等多个方面成就巨大，而其性格耐人寻味。正是这种特殊性致使从庙堂到江湖，从书生到白丁，从政界到学界，对曹操的讨论达到了空前盛况。张燕敏[①]老师结合历史评价、分析曹操其人，从伦理学的角度来探究曹操的形象演变以及各个时代的伦理精神。她主要通过对比研究小说《三国演义》和新版电视剧《三国》，指出不同时代、不同阅历的人，在探究、评论曹操时所选择的视角、采取的方法均有差异，因此结果也不尽相同。

针对不少观众提出的新《三国》严重偏离史实的说法，许俊妮、马玉林[②]老师强调，从史学角度上来看，新版电视剧《三国》是尊重历史的，集中表现在：它忠实地“填补”了历史空白；三国历史不可还原，基本上是由不断的人为修饰完成的，因此新《三国》的改编无伤大雅；新兴学科影视史学也不能为《三国》作历史学立论。从影视创作上来讲，新《三国》在安排写作方向、故事情节和角色设置上是比较成功的。所以说

---

① 张燕敏. 曹操形象的演变及其伦理意义——从小说〈三国演义〉到新编电视剧《三国》，上海师范大学伦理学硕士毕业论文，2012（3）：41.

② 许俊妮，马玉林. 从历史到影视艺术——多维视角下的新《三国》解读[J]. 山东行政学院山东省经济管理干部学院学报，2010（6）：149-151.

《三国》是艺术的“三国”，并非历史的“三国”。孙书文[①]老师指出，对新《三国》的众多评论中，认为其悖离原著的批评占据着极大的比例。例如，在语言方面，老版电视剧采用大量引用原文的方式，并借助字幕来展现；新版则运用大量的口语，让曹操说出“陈宫，我爱死你了”此类语言。在情节方面，新《三国》增加了部分爱情戏，如貂蝉与吕布、刘备与孙小妹、孙策与大乔、周瑜与小乔之间上演了一出出浪漫的爱情剧。在人物形象的塑造上，刘备的雄才伟略得到了更好的彰显，曹操性格中的痞气增强。这三个方面的变化使得批评者认为，新版电视剧历史内涵尽失，更像是穿越性的时代偶像剧。

在小说中，吕布与貂蝉的爱情故事是不存在的，而在新版《三国》中有不少关于二人爱情的描写和渲染。他们两人是观众传统印象中的有勇无谋和重情重义的代表，是政治婚姻的牺牲品。而在新版《三国》中则成为相识相知的爱人。王莹雪老师对此认为[②]，对两人爱情故事的改编源于编剧朱苏进、导演高希希等人在对古代经典小说改编中融入了个人价值观和现代婚恋观，呈现了当代社会的婚恋文化。“改编要有现代意义”，新版《三国》把小说中吕布与貂蝉的故事进行二次创作，为具有现代爱情观的剧作。由此可见新版《三国》的创作是通过当代人的审美理念来诠释吕布与貂蝉的关系，在于体现现代人的价值观，以当代人的理念来对待经典著作《三国演义》。

三国的酒俗文化在中华历史长河中别具特色，展现的是属于一段光辉岁月的民俗。酒文化在电视剧《三国》中得到绘声绘色的刻画。孙悦[③]老师在分析《三国》中的酒文化对现代社会风俗民情的影响和意义时提出，酒俗文化衍变到今天，更多是为了在闲暇之际给人们的生活添加一些闲情逸趣。酒俗文化也算是回到了根源之处。酒韵是最能展现一个地

---

① 孙书文．语言魔盒与影像狂欢——兼论《三国演义》新版电视剧[J]．山东文学，2010（8）：49-52.

② 王莹雪．从吕貂爱情看电视剧《三国演义》的创作倾向[J]．电影文学，2014（4）：127-128.

③ 孙悦．电视剧《三国》中的酒韵与民俗风情[J]．科教导刊-电子版（中旬），2016（5）：106.

方风土人情的元素，它在历史的传承和衍变中始终保持着主体的价值，并且符合社会存在的规律。理性和逻辑往往是优秀的创作中不可或缺的因素。王太忠[①]老师发现电视剧《三国》基于对原著的尊重，对人物语言进行了艺术性的加工。电视剧第 48 集中的一段辩论颇负盛名，鲁肃向刘备索要荆襄等地时，巧妙地运用了一个逻辑错误，在推动情节发展的同时，也使得人物形象更加立体丰满，性格更加鲜活。

新《三国》在江苏、重庆等四家卫视的首播中反响热烈，话题营销是取得较高收视率的关键。鲍静、裘杰[②]两位老师对如何营销话题进行研究，从话题的对象、设定、营销、管控四个角度对《三国》话题营销机制进行考查。研究认为：《三国》的热播，是电视台以及发行方的双赢，为两者带来了可观的经济利益，也为未来的营销电视剧提供了典型范例。日后的电视剧的比拼在抢占优势资源的背后，更重要的是在口碑和营销创意上的较量。话题营销需要新媒体和话题之间的彼此促进、相互生发。在同质化愈演愈烈的情形下，电视剧制胜的法宝除了独占资源，还应根据话题进行整合营销。

《三国》因其特定的背景而成为宣传军礼文化的一种途径。尤其是其中描写三国时期的画面包含了多种礼制和军礼。郭晔平[③]老师以战争进行的先后顺序并结合一些遗留下的历史资料，对其中的军礼展开分析探讨。主要分为：战争前、战争中、战争后。根据《三国》的收视情况可知，它达到了我国历史题材电视剧中的又一高峰。无论是对历史知识的普及还是对各种礼制的弘扬，都可以让人感受到本剧在历史知识上的专注。它肯定了治理天下在以仁为核心的同时更要凝聚人心；弘扬了为国捐躯、死而后已、家国情怀等中华民族传承千年的优良品质；展现了中国文化在军政战略、兵法阵法等方面博大精深的智谋；洋溢着气概豪迈、光明

① 王太忠. 电视剧《三国》中的一个逻辑谬误分析[J]. 昭通师范高等专科学校学报，2012（3）：27-31.

② 鲍静，裘杰. 电视剧话题营销运作机制探析——以新版《三国》为例[J]. 现代商业，2010（24）：165-166.

③ 郭晔平. 论军礼文化传播——以电视剧新《三国》为例[D]. 郑州大学新闻与传播硕士毕业论文，2014：33.

磊落的豪情。

王昕[①]老师以新《三国》为例，从“现代历史剧”的理论内涵、真实性与典型性、情节构建与意识形态设置、现代人文精神等方面讨论了现代历史剧的艺术真实性标准。

有句古话说“演戏的是疯子，看戏的是傻子”。在科学技术迅速提升的今天，此话似乎已不再有实用价值。杨婷婷[②]老师发现，新《三国》引发广泛争议的根本原因就在于它与经典著作《三国演义》、与旧版电视剧《三国演义》差异过大。杨婷婷认为新《三国》在语言、情节、人物塑造等方面对传统阅读者多年形成下来的潜移默化的审美心理，尤其是在人物形象上“定式思维”都是极大的挑战。商业因素的制约是一把双刃剑，新《三国》与老版《三国演义》相较，正是这把双刃剑使之既给受众带来了耳目一新的崭新效果，也带来了如穿帮等一些污点。

罗贯中的《三国演义》历经风雨洗礼却经久不衰。从狭义文学观来看，其在题材方面所达到的深度和广度，以及其跌宕起伏的情节、活灵活现的人物形象、气魄雄伟的艺术风格、宏大细致的总体结构，使之成为古典文学中一个实至名归的高峰。此外，原著自始至终都以淋漓尽致的语言表现出了一种凝练的智慧。张娟[③]老师认为，从上述几个角度来看，三国迷对新《三国》很失望，特别是对片中那些雷人的台词十分不满。

对新版电视剧《三国》，杨文丽[④]老师持否定态度：新《三国》在大投入、大成本、大制作、玄幻特技和宏大场面的主导下空洞地完成着表意功能。剧中完全商业化和世俗化的元素，雷人搞笑的台词频频受到观众的诟病，自然好评不多，恶评不少，但是新版《三国》成功吸引了观

---

① 王昕．论现代历史剧的艺术真实性标准——兼评新版《三国》电视剧[J]．中国电视，2010（12）：19-24.

② 杨婷婷．论新《三国》人物形象对传统审美心理结构的挑战[J]．山东文学（下半月），2010（8）：55-56.

③ 张娟．“文不甚深”不可肤浅，“言不甚俗”不可庸俗——评新版《三国演义》的语言[J]．山东文学，2010（8）：57-59.

④ 杨文丽．文化工业景观下国内电视剧的生产形态——以《三国》、《宫》、《流星雨》为例[C]．安徽省第三届新闻传播学科研究生论坛论文集，2011：148-154.

众的关注，引起广泛的讨论，制作方仍旧赚得盆满钵满。不仅是《三国》，在此大环境下重新拍摄的还有《西游记》《水浒传》《红楼梦》等经典名著，自然和新《三国》一样，制作者只通过诡谲的场面特技、华丽的演员阵容、雷人的台词桥段、冗繁混乱的内容以颠覆原著的姿态迎合甚至操控着受众娱乐消遣的心态。对经典名著的重新拍摄已经成为了一种趋势，本身就是能引起关注的话题，制作者和观众都形成了一种习惯。这些名著重新拍摄自然不能超越经典，于是，大部分观众在收看的时候也只是抱着调侃的心态。纪文光[①]老师认为，新《三国》反映出文学经典的影视剧改编的软肋所在，即历史韵味的匮乏。

斥巨资拍摄的新《三国》纷华靡丽，同时在情节详略、刻画人物内心方面也都表现出新颖别致的一面。马祥林[②]老师认为，对于其中的主要人物如孙权、曹操、周瑜、诸葛亮、刘备的全新塑造，为今后的名著改编开辟了一条广阔大道。

电视作为大众传媒，以其自身通俗易懂的特点向观众传达信息或情感。王然[③]老师强调，新《三国》向观众展现了夷陵之战中谋略家的多谋善虑，在基于小说文本上又开拓创新，赋予其新的内涵。这个过程具有简洁化、清晰化、通俗化的特点，既实现了大众传媒的价值，又进一步实现了《三国演义》“谋略”的大众化，有利于不同层次的观众接受。

新版《三国》存在极多的文史错误，有些与史实明显相悖，有些甚至与历史事实完全相反。汪从文[④]老师指出了其中的六处：曹操说出金銮殿、“蜀汉”的称号、献帝的寿命、吴都名、孙权年龄、赵咨称曹操先父。汪从文建议：电视剧的主要功用是娱乐大众，以学术标准严苛对待电视剧大可不必，但我们必须意识到名著改编剧会对观众，尤其会对青少年产生巨大影响，因此拍摄此类电视剧或电影时，文艺工作者应秉持对传

① 纪文光. 文学经典影视剧改编的不能承受之轻——论《三国演义》新版电视剧历史意蕴的匮乏[J]. 山东文学，2010（8）：53-54.

② 马祥林. 新《三国》：名著改编与人物心理研究[J]. 电影文学，2011（22）：79-80.

③ 王然. 新版《三国》对“谋略”主题的阐释与重塑——以吴蜀夷陵之战为例[J]. 现代语文（学术综合），2014（4）：102-104.

④ 汪从文. 新版三国文史错误考述[J]. 新余学院学报，2013（6）：27-28.

统的敬畏之心，不忘传承古典文化的重任，而不应草率敷衍，混淆视听。

陈林侠、彭云峰[①]两位老师以新《三国》为例，研究中国电视剧在海外的传播情况。他们认为消费主义对经典作品长期累积下来的集体记忆进行了不同幅度的改写。在原著中，更注重彰显人物于纷繁复杂的时代中展示出的超乎常人的才智，例如诸葛亮；而像曹操奸诈狡猾的权谋之术则会受到主流社会道德层面和政治上的多重抵制。新版电视剧中将这些内涵简化成由欲望而产生的消费文化。此外，新电视剧中涌现大量感情戏、武打戏、权力争夺戏，而这些则是原著中极少出现的。此类消费文化在一定程度上扩大了电视剧的接受人群范围，但如此一来，过度同质化致使长效的跨文化传播困难重重。

三、《三国演义》与新《三国》的对比

音乐在电视剧中承担着举足轻重的艺术功能，是其中不可或缺的结构要素。《三国演义》可谓是章回体小说中集大成的一部作品。其首次以电视剧的方式呈现在人们的视野中，就不能不谈到王扶林导演对其进行的改编。电视剧《三国演义》中音乐所承担的艺术功能十分出类拔萃。作为电视剧音乐，《三国演义》的配乐朗朗上口，十分成功。新、旧两版“三国”剧的电视音乐存在着巨大差异，因此透过音乐所唤起的听众内心活动也不尽相同。牛春雨[②]老师对两部电视剧的主题曲进行了对比分析，如：《滚滚长江东逝水》和《还我一个太平天下》，以及其中“桃园结义”插曲《这一拜》与《新三国》中“桃园结义”插曲之提琴音乐进行了对比分析。研究表明：新、旧两版“三国”剧，电视音乐与影视特色都保持高度一致，从这个方面来讲是非常成功的。

随着视觉效果对传统观念的影响和冲击日益增强，大众文化愈加丰富。大众由曾经的文本阅读中走出，逐渐演变为通过影视作品来管窥历

---

① 陈林侠，彭云峰. 中国电视剧的“中国立场”及其海外传播策略[J]. 现代传播，2011（3）：64.

② 牛春雨. 电视剧《三国演义》与《新三国》的音乐分析及对比[J].《北方音乐，2016（9）：18-19.

史，了解文化，人们对文字的感知力愈来愈弱。如此一来，影视剧便要肩负起弘扬历史文化的使命。宋健[①]老师借助曹操这位众所周知的人物，通过分析影视作品中对其形象的塑造，总结归纳了我国电视剧、电影中塑造历史人物形象的一些特征，并借此来完善历史人物在影视剧中的形象。宋健将含有曹操的剧作划分成“三个时期”进行深入分析，提出不同时期的翻拍作品在塑造曹操这一人物的关注点上有着本质性的不同。宋健总结了曹操的影视形象在新《三国》中的三种呈现方式：一、通过“移植式改编”还原原著精神风貌；二、以“取材式改编”来增强故事的戏剧性；三、采取“演绎式改编”凸显现代观念。同时，他根据这三种方式总结出剧作在塑造历史人物形象时应该遵守的三点要求：一是在尊重史实的基础上表现真实历史；二是塑造典型形象时应采用适度演绎的方式；三是运用借古论今的手法展现当代，关怀社会。

《三国演义》中的经典故事“桃园三结义”家喻户晓。老版《三国演义》和新《三国》都以此为素材，却创造出风格迥异之剧作。刘丹[②]老师对比研究了两部相隔十余年拍摄的电视剧中故事情节的改编情况。研究表明：新、旧两版剧作均在“桃园三结义”的故事基础上进行改编，在多个方面呈现出与原著迥然不同的艺术风貌。其中“义”是《三国演义》中衡量评判人物的标准，也是小说的精华所在，同样也具有道德规范作用，不可或缺。新《三国》中的部分改编令小说文本与电视剧作品发生一定程度的断裂。电视剧的改编本源于小说，从本质上来讲，是两种载体的转变，一种是文本载体，一种是句型载体。由于艺术载体的变化致使不同艺术表现方式变换困难。符合人民大众的精神需要，将文本中普通的人物形象转变为有血有肉、脍炙人口的荧幕形象是原著改编为电视剧的关键所在。因此在呈现《三国演义》这部鸿篇巨著时，应当追求形神兼备，积极挖掘其中的美学内涵，通过电视特有的语言表达方式把“剧情”做足，以大量特写或镜头组接等方式来表现紧张动人的故事情节。

---

① 宋健．曹操影视形象研究[D]．西北师范大学广播电视艺术学硕士毕业论文，2013．

② 刘丹．从“桃园三结义”看电视剧情节改编[J]．青年文学家，2011（6）：90．

李乔老师主要从主旨思想、审美表达、艺术风格三个方面对新《三国》展开探究。[①]在主旨思想上，家国情怀作为立身之本，是塑造英雄形象的核心，并借助英雄气概进一步深入地阐明该剧的主旨内涵。在审美表达方面，在研究此剧所传达出的主旨创作方法的基础上对《三国》的表达方法与影视语言展开具体研究，从而进一步分析在传播视野下《三国》的审美观。在艺术风格方面，作者分别从意境传达、美感抒发两个方面来论述。对其中审美表达以及此风格对于电视剧本身艺术表达的渲染作用进行深入分析。李乔强调，《三国》在文化传播方面的重要意义也是值得我们关注的。《三国》所蕴含的传统文化精神既象征着包括审美文化复兴的中国传统文化，也是成功通过电视媒介实现"文化走出去"的范本。通过在审美观上进行传统和现代的融合，实现了审美意蕴的多元化和对当代精神的传递。[②]李乔还发现，在女性角色的塑造上，新《三国》与老版电视剧《三国演义》两者相较，人物性格更加完整，虽然对剧情有大幅改动，但自始至终均秉承"人学"的原则。

曹操不仅是具有丰功伟绩的历史人物，也是一位四海闻名的文学人物。宋健[③]老师认为新《三国》中将曹操的人物形象塑造为具有多个侧面、特点丰富的典型人物。结合对《三国志》和《三国演义》文本的合理裁剪，实现了这一人物形象的"历史化"。通过对人物进行一系列生动的细节描写，实现了形象上的微观塑造。通过对经典名著中部分情节的改写，对曹操这个角色进行了别出心裁的设定。最终，完成了对这一既源自于原著又有别于原著的角色的塑造。上述三种方法的使用，让电视剧中的人物更加栩栩如生，符合观众的心理想象，又为改编名著提供了丰富的经验。

在古典章回体小说的写作过程中，以情节作为小说的中心，以及将典型人物作为文本的中心是现代小说叙事艺术中的典型方法。传统章回

---

① 李乔. 电视剧新《三国》中的女性人物叙事分析[J]. 消费导刊，2015（6）：250.

② 李乔. 电视剧《三国》的审美意蕴研究[D]. 浙江理工大学艺术学理论学硕士毕业论文，2016：44.

③ 宋健. 对曹操的再演义——浅析电视连续剧《三国》中曹操的荧屏形象[J]. 聊城大学学报：社会科学版，2011（2）：362-364.

体小说强调总体应回归情节叙事，受这一传统的影响，在改编影视剧的过程中，根据各种影视类型主体的差异及剧版的区别，在情节和人物的侧重上明显不同。高超[①]老师认识到，对古典名著进行影视改编，实则是一个带着镣铐跳舞的过程。这一过程使叙事重心发生转移，小说的情节结构发生改变，逐渐形成对于原著母本的选择性使用。因此，古典英雄在荧幕上的呈现将源于原著但不同于原著，在不同程度上融入时代的血液。

21 世纪初，孙尚香这一形象受到了更多文艺作品的关注，进而吸引了研究者们的注意。杜小琴[②]老师谈到，无论是 1994 年版的《三国演义》还是 2008 年版的新《三国》，它们都以新的时代特色来阐释孙尚香这一人物形象。吴宇森的电影《赤壁》运用后现代主义的表现手法将孙尚香这一形象的性格特点呈现得更加丰满立体。可见，随着时代的不断进步，当今社会中女权主义盛行，因此女性在社会中的地位逐渐得到了改变和跨越式的提升，这也影响了影视作品对于女性形象的呈现方式

历史是一个民族的精神支柱。因此影视作品在参与历史的过程中应该根据自身题材的特点，如果出现试图解构历史进程、以游戏心理看待历史，以及越过历史本身界限等企图，则只会使作品陷入表达的僵局与语言的断层。李春艳[③]老师认为，1994 年版《三国演义》和 2008 年版新《三国》都达到了历史和艺术真实的高度统一，也为影视演绎这段历史提供了很好的范本。唯有影视制作者能够运用正确的文学观看待历史，而只有树立正确的价值观，才能把更优秀的历史题材影视作品呈现给观众。

经典章回体小说《三国演义》集众多艺术成就为一身，始终引领着剧作创作者去攀登、探索这一文学艺术的高峰。史辰翔[④]老师发现，随着岁月的洗礼，从 20 世纪 70 年代在电视上播出的三国题材电视剧开始，

---

① 高超. 古典名著电视剧改编中的情节叙事研究——以《三国演义》、《水浒传》为例[J]. 电影评介，2012（21）：63-65.

② 杜小琴. 论三国故事文艺作品中孙尚香形象的演变[D]. 华中师范大学中国古代文学硕士毕业论文，2011：36.

③ 李春艳. 三国历史影视演绎探析——以《三国演义》《赤壁》《铜雀台》为例[J]. 电影评介，2015（6）：16-17.

④ 史辰翔. 三国题材电视剧研究[D]. 山西师范大学戏剧与影视学硕士毕业论文，2015：61.

到今天逐渐发展为具有完善体系的创作系统。通过对小说文本的深入发掘，逐渐以电视剧的形式承载学者们多年来的研究成果，最终呈现为精妙绝伦的故事。如此一来，在提升人们日益增长的精神文化需求的同时，也生动地展现了《三国演义》的深厚内涵，此外，对宣传三国文化中所蕴含的优秀民族精神也有着积极作用。史辰翔在对小说展开研究后提出，能够将其翻拍成电视剧的基础就在于小说本身拥有坚实的受众基础，而且，故事情节的紧凑性和对人物典型形象的塑造是别具特色的。通过对电视剧改编的整合，可以发现当今社会以三国为题材的电视剧大体分为三种类型：人物传奇式、借题发挥式、忠实原著式。以上三种形式的改编构成了此类电视剧的基本形态。通过对文字进行整合，继而以影视语言进行文字符号处理，最终形成影视。在对新、旧两版“三国”剧展开多角度的分析后，可以发现两部电视剧在主题上存在差异，一个选择“尊刘贬曹”，另一个则选择“坐观曹刘”的视角；在情节侧重上，一个选择整体呈现，而另一个则采取去头去尾；在塑造人物方面，一个选择严格主题，另一个选择结合当代进行解读；在视觉效果上一个典雅大方，而另一个光彩夺目。以《三国演义》为例，通过对部分改编作品的解读可得出，名著改编为电视剧能否保持原著面目，不仅与创作者对社会的心理认识有关，还与新媒体发展、观众的消费心理等方面息息相关。而对于创新改编也并不能以偏概全地全部否定。在现如今的消费观作用下，唯有通过不断提升电影、电视的制作水准，方能传递古典小说的深厚内涵，方可使越来越多的观众重新感受到三国的独特光彩。

电视剧翻拍同样是弘扬民族文化的一种方式，通过翻拍提升人们的艺术鉴赏能力，继而深入挖掘其中的文学内涵。但不能为谋取短期的利益而忽略了作品质量。梁婉琳①老师从电视剧《三国演义》的翻拍谈起，认为近年来四大名著被大量翻拍实际上是投资商在市场经济条件下一味追求经济利益的体现，这正是目前影视市场缺乏活力的典型表现。随着时代的发展，人们的观念也产生了巨大的改变。在竞争激烈的影视市场，

---

① 梁婉琳．四大名著翻拍：一场新旧版本的魅力对抗[J]．科技视界，2015（29）：16-17.

唯有协调好原著和创新两者之间的关系，才能使翻拍名著取得一隅之地。在市场经济的大背景下，不仅要满足观众众口难调的审美需求，还要使投资人获得既得的利益。唯有兼顾两者，方可使海量翻拍作品立得住，站得稳，继而成为读者心中的传世之作。

徐君[①]老师通过对《三国演义》等四大名著改编剧作的分析，提出了一个极具意义的论题：如何在消费时代维护传统文化与民族经典？无论在何种维度下，能够成功翻拍的关键始终是影视创作者，当今社会的大环境普遍追求功利，如何能够在其中坚守自己的初心，保持独特的艺术风格？这就需要在进行创作时尽量多一些对经典溯本求源的坚持，保持对传统经典的崇敬，还给观众心灵一方净土。这才是能够保护经典、维护民族生生不息的根本所在。试图以翻拍为由模糊低俗与高雅，忽视观众内心审美接受的需要，消解经典的美学意义等做法是十分不理智的。以上的这些行为亵渎了中华民族历经千年传承下来的经典，毁坏了一个民族能够屹立于世界之林的形象，贻害无穷。唯有维护民族文化传统，保持自身的生命力和创造力，这个民族才有可能在世界之林中长青不败。

音乐是剧作中一种典型的表现因素，其对于反映电视剧的内涵以及呈现出其艺术价值有着深远意义。范志龙[②]老师通过比较新、旧两版“三国”剧中选用的主题、片尾曲及典型人物的配曲，希望对这些歌曲进行深入挖掘，从多个角度探究这些音乐所具有的时代风貌。新、旧两版“三国”剧主题曲和片尾曲均具有鲜明的民族风情和浓郁的地方特色。范志龙对两套作品所选用的音乐进行分析，辨别其在时代特点、创作风格、语汇等方面的不同，进而明确了音乐对揭示剧作主题、强化剧作艺术风格和提升艺术效果方面的作用。

张智华老师提出[③]，《三国演义》等四大名著的新、旧两版电视剧的

---

① 徐君. 消费时代经典名著翻拍的问题——以四大名著新版电视剧为例[D]. 广西师范学院文艺学硕士毕业论文，2012：54.

② 范志龙. 新旧版电视连续剧〈三国演义〉主题曲、片尾曲音乐的比较研究[D]. 西北师范大学声乐表演硕士毕业论文，2014.

③ 张智华. 中国古典文学名著改编电视剧及其海内外传播——以《三国演义》、《水浒传》、《西游记》、《红楼梦》为例[C]. 中国文学海外传播国际学术研讨会论文集，2011：308-313.

差异特别突出，且各有所长。新、旧两版电视剧的大部分剧集都演绎得栩栩如生，在人物形象塑造上，格外强调人物本身的个性。从篇幅上来看，新《三国》等四大名著剧普遍比老版的剧情更为丰富，篇幅更长。新版《三国演义》增加了大量的电脑特效制作，就这一点而言利弊共存。1994年版《三国演义》在叙述剧情方面速度比新版更快，更紧凑。另外，老版电视剧在主题曲上更具有创意，表现力和概括力也更强。翻拍和改编电视剧需要创意。作为大制作、大投资的案例，新《三国》等四大名著在市场经济背景下的种种特点引发了人们无尽的遐想。

老版《三国演义》为千千万观众呈现出对经典著作的完美演绎，新版《三国》使观众见证了大型电视剧逐渐向电影过渡的历程。陈玥①老师对比两个不同版本的电视剧发现，电视剧的电影化进程始终存在，这一进程使电视剧给观众带来了崭新的体验，令电视剧本身更接近电影所具有的银幕感，叙事上凝聚戏剧特色，在视听语言上展现得更尽善尽美，更加符合视听媒体的需求。毋庸置疑的是，电影化的高水平并不等同于观众的高接受度。在如今这个新媒体驰骋的年代，电视剧观众被大量分流，因众多同质化作品的不断产生，作品的电影化已愈加缺乏对观众的吸引力，市场已显露疲态。在电影化进程中，如若想实现电视剧的电影化，则不仅要照顾到市场反映出的需要，还需把握观众的心理接受能力。无论电视剧将来会有怎样的发展，又将走向何处，它始终扎根于市场。因此，唯有满足了市场的需求，电视剧电影化的进程方可顺利前行，也才能有更长远、更美好的未来。

① 陈玥．中国长篇电视剧电影化进程——以新旧版《三国》为例[D]．西南大学传播学毕业论文，2012：52.

第三节

“易中天现象”研究

文化传播中应该有不同的声音，有争鸣是很正常的事情。合理的文化传播环境中，应该既有为数不多的学者从事着严密和严肃的研究及论证，以引领文化前沿，也有更多通俗的传播者，他们用各种各样的方式拉近权威学术与广大民众的距离。

——李岩

惟《三国演义》则七分实事，三分虚构，以致观者往往为所惑乱。

——章学诚

易中天依照大众对历史和乐趣两方面的需求，通过评说《三国志》，参照史料诠释典籍，营造出一种非学术的氛围来鉴赏《三国演义》。这是一种以史解文的方法。从结果来看，让平常百姓喜欢，而受文史专家诟病。这个结果反映出，面对同一本典籍，大众与专家会产生不同的认知，这种情况被称作"易中天现象"。贾光峰老师针对学术领域产生的诸如"文史混谈""非忠义观"等一部分有代表性的看法，认为要对此认真剖析，他详细阐述了以史解文的问题[①]：以史解文适合大众百姓，因为他们渴望学习历史知识，增强自己的品读能力，但又不喜欢文言文和教条的理论。而且，在用浅显的书面措辞和众多的口头表达激发读者兴趣的基础上，灵活运用市井俗语、网络热词，使受众群体不受年龄和学历局限。学术领域的许多学者批评以史解文为"三俗"方式，但易中天却使用这种手法向广大百姓宣讲三国。贾光峰谈到了这种方式的优势，认为这是从现代文化认知角度帮助读者解决在《三国演义》鉴赏过程中出现的问题，而并非用史学资料去解构文学作品，这有利于提升人们对典籍的评判水平。值得一提的是，以史解文让大家了解了史学中不同的刘备形象，引发了学术界对曹操之恶的集中讨伐，并且还原了"江东三杰"原本的特征，解除了大家的困惑。

在所有持反对立场的学者中，葛红兵老师的态度是最坚决的，他在与徐渭老师合作的论文《"文史合一"：历史言说的传统维度及其误区——以易中天的〈品三国〉为例》[②]中，直截了当地指出易中天的"小人视角"，认为易中天将对权势与利益的向往作为三国人物做事时的根本目的，这是令人无法接受的。从易的《品三国》出发，葛红兵、徐渭提出了两个问题：一是如何正确地对待历史？简而言之，要有历史哲学思维，即具备全面把握、透彻了解的史学观念；二是怎样突破史学界根深蒂固的"文史合一"的观点？

---

① 贾光峰."三国"惑乱遗至今——易中天现象与三国历史论著的读者推荐[J].阴山学刊：社会科学版，2013（26）：75-78，100.

② 葛红兵，徐渭."文史合一"：历史言说的传统维度及其误区——以易中天的《品三国》为例[J].上海师范大学学报：哲学社会科学版，2006（5）：109-114.

易中天对三国的解读是否正确，不同的读者站在各自的立场上会得出不一样的结论。黄佳利老师认为，作为文史学家，不能只评说易中天做法的优劣，更要紧的是主动“参与进来”，学习其方式、方法，认真考虑怎样有效地将历史文化向人民大众传播[①]。要用乐观、包容的眼光看问题，易中天在史学推广的进程中迈出了一大步。接下来，史学界的学者们要学习其优点，用生动的历史人物、事件与客观的史学观点，高质量、深层次地宣扬我国历史文化，让人民群众的精神面貌得到洗礼，进而在全社会形成良好的价值体系，达到历史科学的教育目的。

得益于《百家讲坛》的传播与推广，许多像易中天、于丹这样的文史专家一炮而红，得到广大观众的厚爱。他们撰写的书籍也进入畅销书行列，动辄达到上百万的销量。大众缘何热捧他们？为什么钟爱对历史典籍的诠释？高婷婷、李洪梅两位老师强调[②]，学者成为学术明星，映射出现代人缺少文化历史教育的窘境，人们的国学基础薄弱，文史知识十分有限。特别是年轻人，吃洋快餐，看外国电影，关注影视明星的新闻八卦，却不怎么读典籍名著，不怎么学大儒百家，就更谈不上对国学的认知了。明确地说，我国历史传统的断层已经在当代年轻人身上显现出来了。

易中天的《品三国》吸引了大众的目光，还让许多人成了他的“粉丝”。随着其影响的深入，有些观众甚至觉得易中天一周讲一次“三国”的频率太低了。对此，易中天认为，要讲解真实的历史，要认真完成这项工作，台上一场四十五分钟的演说，需要用近一周的工夫去准备。为什么观众追捧易教授解说的三国呢？杨玉昆老师总结道[③]：一是易中天的讲解站在百姓的立场上，二是符合大众的需求，三是具备一定的素质，四是借助现代传媒，五是《百家讲坛》的“让专家、学者为百姓服务”的原则。凡此种种，共同致力于构建起“一座让专家通向老百姓的桥梁”，

---

① 黄佳利.“易中天现象”研究[D]. 华中科技大学专门史硕士毕业论文，2008：33.

② 高婷婷，李洪梅. 中国传统文化与现代人的精神构建[J]. 郧阳师范高等专科学校学报，2008（1）：41-44.

③ 杨玉昆. 杂谈易中天《品三国》对档案文化传播的启示[J]. 山西档案，2006（5）：54-55.

使我国的历史文化得到弘扬。

易中天的话语很有特点，周锦国老师把它概括成“杂混的多元统一”[①]。他认真阅读《品三国》，并进行细致研究，总结出一个显著特点，那就是易教授杂混的说话方式，具体体现在：古文与现代词的杂混、口语与书面语的杂混、仔细探究与文化快餐的杂混、古代社会与当今社会的杂混、史学故事与处事哲学的杂混。这种杂混将顺应普通人群快速了解历史、解读历史，以及对人物的诠释等方面有机结合。同时易中天的语言还显示出即时、新颖、有趣等特点。

易中天在《品三国》之“三顾茅庐”中认为“凡三往，乃见”，是“一共去了三次，就见面了”，还把“三顾”解释成“多次”、“再三”、“频繁”。黄河清老师认为应该是[②]“总共去了（光顾）三次（隆中），第三次才（在草庐）会见了”，三顾草庐与孔明出山更不能混为一谈。

《百家讲坛》中的“易中天现象”引起了社会的关注。当愈来愈多的人观看《品三国》时，社会各界讨论的声音也随之而来。有一种观点认为它推翻、背弃了我国历史文化。谷佳旋老师从“易中天现象”入手，分析《百家讲坛》带来的影响[③]，认为其是对传统文化的诉求，对学术通俗化的要求（学术与生活、通俗化、故事性的结合），对学者明星化的考量；但同时存在内容过于新奇化、表达过于技巧化、选题过于单一化等问题。

易中天在“开场白”中说，“许多历史事件和历史人物都有三种面目，三种形象。一种是正史上记载的面目，我们称之为‘历史形象’。这是史学家主张的样子”“文艺作品包括小说和戏剧中的面目，我们称之为‘文学形象’”“还有一种是老百姓主张的样子，是一般民众心中的形象。我们称之为‘民间形象’”要品好三国，“这就有三件事要做。一是要‘还

① 周锦国. 杂混的多元统一——易中天《品三国》所体现出的当代修辞倾向[J]. 毕节学院学报，2010（5）：7-11.

② 黄河清. 与易中天教授辩“三顾草庐”[J]. 襄樊职业技术学院学报，2007（6）：1-2，56.

③ 谷佳旋.《百家讲坛》的“易中天现象”研究[D]. 湖南师范大学传播学硕士毕业论文，2010：30-40.

原'，就是告诉大家本来面目是怎么样的。二是要'比较'，就是看看这三种形象究竟有什么不同。三要'分析'，就是弄清楚历史形象为什么会变成文学形象和民间形象。我们希望通过这三项工作，来为大家品读三国。"按这种方法品三国，在说明客观史实的基础上，又解释了《三国演义》；既讲清了历史事实，又说明了《三国演义》中人物角色的成因。果真如此的话，会得到历史学者和文学家的认可。那易中天在这几方面的成果如何呢？郑颐寿老师结合辞体、辞风的"双基"进行了分析[①]：一是在《品三国》与辞章的体裁方面，易中天将史学著作的"实录"作为参考，同时深谙媒介之"体"，辞体观念十分鲜明，总的看来，他的措辞是"得体"的，能够正确理解语体和文体的特点，并成功加以使用。二是在《品三国》与辞章的风格方面，做到了详实易懂，雅俗互补，符合"协格"要求。这两方面都在"格素"上显示出来。郑颐寿还研究了《品三国》辞体、辞风的"四在效果"，研究表明：易教授的著作，在"品"史传体上，符合"得体""协格"的特点。易中天做到了第一点，但是，后两点做得不好，就是说"分析"和"比较"方面有些欠缺。特别是没能确定《三国演义》作为文艺载体在历史中的地位，无意间伤害了这部传统名著，甚至产生了"是史非艺"的消极影响。虽然这并不是易中天原本的目的，但有些批评者却持有这种观点。

在以传播生态学的立场来研究"电视讲坛"这一生态图景时，刘敏老师谈到了很重要的一点，即文化的没落，恰是与普通百姓的接受水平产生了差距，当新兴事物在人群中传播的时候，旧有的就会被忘记，然后被尘封成为过去[②]。这绝非庸人自扰，游国恩先生等就在《中国文学史》中谈到过"文化兴衰更迭论"："真正的文化是劳动人民创造出来的，而后文人知识分子参与进来，学习之，发展之，从而形成一代之所胜。汉乐府、魏晋五言诗的发展，唐代诗歌的繁荣说明了这一规律，由诗到词、由词到曲的文体的转变，也说明了这一规律。"前代文化衰落或"不能普遍，只好供好古家所赏玩，便成为贵族文化了"。用《品三国》来佐证：

---

① 郑颐寿.《品三国》：一种辞章的分析[J]. 福建论坛：人文社会科学版，2009（6）：117-119.

② 刘敏. 电视讲坛的传播生态学思考[J]. 东南传播，2007（7）：49-50.

《三国演义》在最初完成时叫作《三国通俗演义》，因为它“文不甚深，言不甚俗”的特点，深受社会底层的读书人和手工艺人喜爱。而到了今天，原来士大夫创出的词赋，只存留在学生的教材中。

《品三国》是这样总结曹操兵败赤壁的原因的：“首先遇到了疾疫，削弱了其战斗力；其次是因为没想到寒冬腊月居然刮起了东南风，让黄盖火攻得手。”而钱玉趾老师则认为[①]：这是由于孙坚、孙策、孙权是吴郡富春人，周瑜是庐江舒人，吴国在建业建都。吴地的士兵十分了解本地的气象情况，进而通过精心安排，使用东风，借势放火，最终取胜。

对照上述文字，不难发现，易中天将俏皮的当代词句拿来解读三国故事，特点突出。再得益于各路媒体的传播，“易中天热”快速席卷全国。李永健、刘欢、戚明三位老师认为这主要是电视媒介的娱乐作用和百姓需求交融的成果。[②]但是，娱乐不能过度。就“易中天热”而言，过度了就会把事情推到对立面。把握好合适的尺度，电视媒体才能顺利实现对文化内容的处理与传送，不仅让文史知识得以传播，还能促进我国文化的推陈出新。

在对易中天的追捧过程中，社会素质的提高激发起民众对人文历史知识的渴求，这展现出当今文化价值体系与以往的不同。这些改变让学术类节目有了发展的沃土。林晓东老师强调[③]，身在“高知”群体里的易中天们，乐意用通俗的语言向大众传播个人的见解，从而获得了来自“非学术”群体的普通百姓的称赞。这种情况表明，在媒体信息广泛传播的年代里，各种类型的文化互相融合，不同群体间的价值体系的边界开始模糊。

现代社会瞬息万变，信息量激增，人们面临的压力也越来越大，但这些挡不住大众汲取文化、提高个人知识水平的热情。周伟老师强调[④]，

---

① 钱玉趾. 赤壁之战与东风之谜——兼与易中天先生商榷. 文史杂志，2007（1）：22-24.

② 李永健，刘欢，戚明. 传媒娱乐化与大众文化——易中天现象背后的原因探析[J]. 新闻记者，2007（2）：23-26.

③ 林晓东. 从“易中天现象”看电视时代的文化价值秩序[J]. 声屏世界，2007（2）：23.

④ 周伟. 从接受美学的视角看古典名著的“解读”——从易中天《品三国》说开去[J]. 沈阳大学学报，2008（20）：78-81.

大众赏识高雅的文化，但更渴望切合生活实际、满足个人喜好、容易品读明白的文学艺术。百姓对易中天、于丹、刘心武、阎崇年等文化研究者的追捧，反映出社会文化供给的不足，以及民众对学习文史知识的希望。且不去探讨以易中天为代表的学者向大众传播史学知识时采取的方式是否合适、途径是否准确、诠释是否严谨，单从结果来看，这些学者能够引起观众对文史的关注，能将知识宣扬传播出去，说明他们的讲演是有效的。民众从这些学者的讲演里获得了清新脱俗的国学体验，对史学文艺的兴趣也逐渐浓厚，这不就是广大群众想要的吗？

历史文化有贯通古今的指导意义，例如，古书里的“民本”思想和如今的“以人为本”的方针，怎样才能有效传承历史精髓，发挥文化的导向意义，填补民众在思想文化领域的空白？这一系列问题十分重要。冯瑞珍、刘景两位老师指出[①]，文化传播是一项长期艰巨的任务，“易中天”们借助当今的电视网络诠释古代典籍，符合社会趋势，也让一些民众在社会发展期间对文学历史的需要得到满足。但这些学者总是被电视台打造成“明星”，因此在播放时需要严谨对待。“易中天”们的支持者和反对者可以运用解释学里的对立两派——现代派与古典派的相关原理，从各自的立场出发，进行科学的论证。

归根结底，“易中天现象”反映的是学术大众化的问题，而这个问题的中心是学术应当以怎样的方法与形式向民众推广。王苏生老师发现[②]，想要普通百姓接纳学术，就要从民众的心理需求出发，用通俗的语言，以包容的心态向社会播撒精神食粮。具体到易中天讲座，则主要在于如何把握历史。易教授用灵活多变的措辞，加上以小寓大的历史评价来品说三国，这是“易中天现象”的成因和意义所在。

《百家讲坛》是媒体演说类栏目中的经典，其成功主要得益于“以受众为中心”的指导方针。陈文艳老师希望从《百家讲坛》的“易中天现

① 冯瑞珍，刘景. 从解释学角度看“易中天于丹现象”[J]. 新闻爱好者（下半月），2008（11）：37-38.

② 王苏生. 从“阳春白雪”到“下里巴人”——“易中天现象”析[J]. 河北省社会主义学院学报，2007（2）：49-53.

象”出发，研究论坛类节目受到观众追捧的原因和其暴露的不足[①]。易中天解读三国，一是因为他原本就研究过三国历史、文学，且对它们充满热爱；二是三国文化既有学术的论证又在民间传播，很容易得到观众的响应。《百家讲坛》栏目邀请的讲师都希望通过使用生动的语言与民众产生积极的互动，力求做到简易易懂，而有别于正襟危坐的长篇大论。易中天明白，电视与报刊书籍是不同的媒体形式，在演说时需要把握声音的抑扬顿挫，并用肢体动作和道具加以辅佐。我们不能单纯地用学术标准和文化内涵来考量电视节目，因为电视作为大众传媒的重要组成，寓教于乐是其作用之一。总是强调“思想”内涵则会造成观众的流失。但是，以“学术”为噱头，在电视节目里大肆谈论不真实的历史，会对观众造成误导，还会让受众产生心理依赖。因此，许多历史学家坚持认为“历史不能娱乐化”。电视被视为百姓生活里不可缺少的传媒工具，具有“传承文化”的社会作用。怎样在追求运营的收益和传播文艺的义务之间找到平衡，营造出一种积极向上、欣欣向荣的电视文化，是《百家讲坛》，也是我们所要思考的重要问题。

易中天因主讲《百家讲坛》引起学术界、文化界的轰动，产生出所谓的“易中天现象”，这一现象触及人们普遍关心的社会文化敏感、焦点问题。“易中天现象”引发了杨淑明老师的思考[②]，他认为通俗化是文史艺术改变窘境的必然方法；史学成果需要同当代传播手段相连接；历史学家用自己的研究成果获取财富是无可厚非的。

《品三国》拥有众多大学生“粉丝”，章晓炜老师意识到“易中天现象”对搞好高校大学生的德育教育工作有着深刻的启示[③]：一是要转换角色意识，倡导平等教育；二是教授的知识和使用的手法必须紧扣学生的需求；三是必须增强教育者的整体素养。郭景华老师的观点是，面对“易中天热”，不能仅关注演讲者是否正确解读了传统典籍，还要进行更深入

① 陈文艳．从“易中天现象”解读《百家讲坛》的成功[J]．承德民族师专学报，2007（1）：14-16.

② 杨淑明．由“易中天现象”引发的思考[J]．潍坊学院学报，2007（7）：60-63.

③ 章晓炜．由“易中天现象”谈高校德育教育[J]．文教资料，2008（9）：182-183.

的学术剖析[①]。易中天、于丹等人的爆红起码传递出一个讯息：在新媒体快速发展的同时，以往的学术产业已经被倾覆。针对从小就受到电视媒体影响的年轻观众群体，怎样才能让历史文化和新型传播方式相契合，使用观众乐于接纳的方式，转变一些旧有的学术生产方法，已然势在必行。

在肯定了“易中天现象”是从“精英”到“草根”的文化传播方式革新和信源可信的基础上，肖珉老师提出了三个较为尖锐的问题[②]：是树立电视品牌意识，还是亵渎“百家争鸣”？是大众媒体的通俗化，还是学术严谨失衡？是电视工业化，还是学术商业化？

《百家讲坛》得到受众的称赞，并吸引了学术领域和新闻媒体的注意，主要是因为它特有的传播战略——学术娱乐化与平民化。节目组在筛选节目内容和主讲嘉宾时，主要根据广大民众的喜好，而不是局限在传统的学术论调上。与此同时，栏目的讲演方式也结合了评书和电视剧的许多特点，注重细节和故事，讲究悬念与铺垫。特别是《易中天品三国》节目播出后，被《南方都市报》称为高知研究者面向广大民众的“新说书时代”的开端。孔庆康老师认为《百家讲坛》节目的成功有以下几个方面的因素[③]：一是把学术研讨转换为民众知识，运用浅显的措辞，生动的肢体语言和道具，向观众讲授知识，做到了“寓教于乐”。二是打造学者明星，随着易中天、于丹、阎崇年、刘心武等专家学者在电视上频频现身，有许多观众成了他们的粉丝，进而构成了稳定的观众群体。三是节目在剪辑时注重视觉与听觉效果的统一，用大量的音乐、图片、影视资料加以辅助，完善了栏目内容，同时也起到了帮助观众理解的作用。但《百家讲坛》仍存在节目选题相对狭窄、故事化对科学的破坏、节目安排不妥导致观众流失等隐患和不足。

《百家讲坛》是电视讲坛类专栏成功的典型，谷献晖老师从“易中天

---

① 郭景华. 电视传媒与传统学术生产方式的转型——关于易中天、于丹现象的思考[C]. 2007年全国博士生学术论坛——中国语言文学论文集，2007：249-254.

② 肖珉. 电视与文化的联姻——对“易中天现象”的传播学思考[J]. 新闻实践，2006（9）：22-23.

③ 孔庆康. 由“易中天现象”谈《百家讲坛》栏目的创新[J]. 广西民族师范学院学报，2010（4）：63-65.

现象”入手分析《百家讲坛》的成功[①]，认为它的成功基于“以受众为中心”的准确定位、恰当的选题、独特的表现形式三点原因，但也存在节目选题相对狭窄、过于注重表现技巧等问题，同时还提出了客观对待历史和不能单纯地用学术标准和文化内涵来考量电视节目两点建议。

叶芬芳从语体方面出发，研究《百家讲坛》里讲演嘉宾独特的语言措辞[②、③]，认为节目中讲演嘉宾的说话方式、措辞风格是媒体论坛类节目里的典型，通过这些年的摸索，这种用浅显易懂的言辞诠释国学精髓的方式，以及将知识和娱乐相互融合的节目内容赢得了普通百姓，特别是年轻人的称赞。主讲人经常在演说时运用一些当今社会常见的词语、句子，这有利于亲近观众，减少隔阂。日常用语的大量运用，加上肢体动作和道具的精心配合，增加了演说的感染力。不过近年来，节目的收视率出现下降的情况，逐渐由广受追捧走向平凡。这是因为节目风格长期固定，所选主题单一，演讲措辞娱乐成分过重，让观众产生了审美疲劳。秦平老师从易中天的《品三国》出发，谈当今民众对《三国演义》文本“虚实”情况接纳的程度[④]，认为民众对《三国演义》的接纳程度反映了自明清到当今中国的社会史、思想史、文化史、政治史、心理史、道德史以及文化立场的变迁。而当代文史学家对《三国演义》虚实问题的剖析，也能说明在语言形式改变的背景下，专家们仍然具有对古书典籍撰写的评论权。在这样的变迁进程中，人们仍然能够分辨出史学文艺改编的足迹。

朱云涛从学术传播的角度对以《百家讲坛》为代表的大众传媒提出了五点建议[⑤]：第一，政府应适当改变科学文化传播的政策，不能以市场

---

① 谷献晖. 从“易中天现象”来解读《百家讲坛》的成功[J]. 安阳工学院学报，2007（2）：112-114.

② 叶芬芳. 从语体角度看《百家讲坛》主讲人的个性化语言魅力——以易中天、于丹为例[D]. 江西师范大学语言学及应用语言学硕士毕业论文，2011：33.

③ 叶芬芳. 从语体角度看《百家讲坛》主讲人的个性化语言魅力——以易中天为例[J]. 青年时代，2015（20）：31-33.

④ 秦平. 当代社会对《三国演义》文本“虚实”问题的接受研究——从易中天《品三国》谈起[J]. 美与时代（下半月），2009（2）：102-103.

⑤ 朱云涛. 大众传媒与学术传播——从《百家讲坛》的热播说起[J]. 新闻界，2006（5）：63-64.

规律指导社会，要支持学术研讨类栏目，协调各类资源，这对于我们科学文化的发展是极其有益的。第二，当今科学教育类电视栏目所倡导的“公众意识”，并没有形成完整的思想内涵，向广大民众宣扬学术精髓，必须要了解人们的认知水平，力求做到通俗易懂，但绝不能浅薄庸俗。这类栏目不能单纯迎合民众的喜好，要在激发观众兴趣的同时，达到正面引导的目的，真正提高受众素质。第三，做这类栏目的电视工作者，在创作过程中总结出的提高收视率的方法应该持续应用，甚至还要努力创新。而且，编导人员可尝试调整节目的目的，不单单看经济效果，更要发挥节目的教育意义，这就要求电视编导们在学术研究与大众娱乐间寻找一种平衡。第四，节目的选题范围要有所扩大，多从历史学术以外的领域寻找突破。只要切合观众的生活实际，自然、社会、人文、经济、生态、健康等领域全都可以考虑。第五，要对大众传播领域的特性有深刻的了解，讲演的题材和方式需要作出适当的改变，只要牢牢把握住学术的严谨性，演说时完全能够采用活跃大胆的方法。学术有争议，但自圆其说是底线。

刘丽红老师在其硕士论文《当代大众文化中的历史情结现象研究》中指出，“百家讲坛”是精英文化大众化的成功范例①，不仅增加了观众数量，还让逐渐偏离主流的精英文化在学术通俗化的背景下重新展现出活力。《百家讲坛》把原来只出现在高等学府的高知文化以及历史文学的精髓，通过电视媒体向观众传播，形成了一种独特的大众文化范例。它用民众的眼光来寻求观众组成多样化的节目方式，用更为贴近群众的办法宣扬国学经典，民众不但可以从中感受到多彩而又厚实的审美氛围，还会受这种氛围熏陶，增强自身的文化素养，并且乐在其中。也由于大众文化所具有的平民属性，它能够更方便地把自身的价值观念通过新型媒体平台快速传播出去。

《品三国》激起了社会各界品读和探讨《三国演义》的热潮，从客观意义而言，确实促进了人们对三国文化的分析与解读。张娜老师认为有

---

① 刘丽红．当代大众文化中的历史情结现象研究[D]．中南大学文艺学硕士毕业论文，2009：24-25.

必要认真分析《品三国》在词语句式、宣传推广上取得的成就。[①]在当今社会，文化重心向下转移，“浅文化"之风盛行，《品三国》用通俗的语言特色对接了一般受众的认知水平，用传播的观点来品读典籍，并对历史故事作出解释，这是《品三国》获得成功的主要原因。同时，诙谐的说话方式以及对新媒体技术的运用也是其成功的原因所在。不过，易教授的《品三国》也有一些不足之处：首先就是“文史不分”。尽管《三国演义》同历史史实存在诸多关联，古今以来也有许多人把它与正史混为一谈，但《三国演义》归根到底还是一部小说，属于文学范畴，有着自身独特的文艺审美属性。从这个角度看，《品三国》没能给观众以准确的指导，没能让大众意识到历史演义小说所具有的特殊的文艺属性和美学特征。相反的，却用历史科学的指标来评定文学，以尊重史实的目的完全打破了《三国演义》里对社会与人物的美好展望。还有，《品三国》在探讨小说里“虚”“实”的情况时，也存在不准确的方面，没能准确意识到《三国演义》在创作时受到许多条件的制约，其内容构架具有自身鲜明的特色，不能仅仅以史实为依据，简单地分析其真假。只要小说中的故事不能从史实中找到依据，便不管其在文学结构中的存在价值，直接否定，进而损害了它所具有的小说审美风格。另外，在对《三国演义》思想含义的解释上，《品三国》也显现出一些不足之处。易中天夸大了小说中的“权术”与“目的性”，直接从当代角度对许多方面进行诠释，其目的在于满足现代人对利益的渴求，而没有做到对这种不良现象的矫正，忽视了学术讲演所承担的社会义务。韩田鹿、张娜两位老师还发现，易中天选择的诠释切入点和方法有着比较严重的不妥之处[②]：易教授用充满利益的目光来对待《三国演义》中体现出的人文关怀；把剖析历史的手段拿来衡量文学中的美学表达，使得《三国演义》本来的思维内涵、社会理念受到颠覆，可以说，这样做近乎于对小说原作的不当解构。

《百家讲坛》作为论坛类学术栏目，在精英与民众、学术与市场中间

① 张娜. 古代经典的当代解读——对易中天“品三国”现象的学理反思[D]. 河北大学中国古代文学硕士毕业论文，2009：48.

② 韩田鹿，张娜. 古代经典的当代解读——对易中天《品三国》的学理反思[J]. 三峡大学学报：人文社会科学版，37-39.

找到了平衡点。其取得的成绩体现出专业学术在民众认知领域里的进展，换句话说，达到了文化交流的平等，跨过了高知群体的文化壁垒。李传印老师强调[①]，易中天之所以得到广大民众的接纳，必然有多种因由在起作用。他认为易教授通过对史实的分析，改变了以往人们虚化和物化史学人物的趋势，去除了长时间附着在史实外部的不真实的表象。

基于对“易中天现象”的研究，赵增肿老师得出如下结论[②]：就社会历史与人文科学来说，注重人性是建设的根基，“以人为本”是历史学科向前迈进时必须遵守的准则。如果在研究历史时可以切实做到对历史人物的仔细剖析，将一般受众的认知和接纳当作解读历史的目的，那么其必然会长久生存下去。

电视媒体用平民特质从外围着手，将社会变革的压力传递给精英阶层，让高知文化开始反省自身，并产生从传统授业向平等交流转变的动力，实现与普通百姓的互动。朱晋老师[③]认为，这样做不是要让精英知识趋于市井，我们应该解决的是怎样让广大民众认识并赏析精英文化，最大限度提升其价值，而且电视栏目广泛宣扬精英文化体现出的是当今中国开放的意识形态。当社会由顽固封闭转向积极开放时，学术会产生大众化的转变，这种变化首当其冲，很容易造成旧有思维意识的分崩离析。现如今，科学技术改变了人们的生产、生活观念，社会形态在以人为本的总体原则下，愈来愈显得包容与多彩。知识分子的任务就是对这些变化作出种种回应，总结也好，萃取也好，预见也好，都取决于精英文化和大众文化的良好互动，并将它们以适当的形式传播到社会大众中去。

以易中天为代表的媒体知识分子与以葛红兵、张颐武为代表的专业知识分子，作为我国现代知识分子的不同类别，话语逻辑也不尽相同。

① 李传印. 关于“易中天现象”的若干思考[C]. 北京师范大学“史学批评与史学文化”学术研讨会论文集，2008（9）：263-269.

② 赵增肿. 简析易中天在百家讲坛取得成功的原因[J]. 青海师专学报（教育科学），2008（28）：33-35.

③ 朱晋. 精英文化的电视传播初探——以央视《百家讲坛》栏目为例[D]. 湖南师范大学新闻学硕士毕业论文，2008：44.

杨坤老师在其硕士毕业论文中总结道①：易中天的“媒介话语”与批评者的“学术话语”，分别是在传媒情景下与科学情境下的权力制衡里形成的。易教授受媒体市场规律的制约，批评者受社科价值体系的制约。二者冲突的原因，在于面对的“消费者”不同：前者是寻求乐趣和实际效果的群众，后者是渴求实现学术突破的高知人群；双方矛盾的焦点，是精英人群站在怎样的角度同一般百姓沟通。易教授的“媒介话语”，是欢娱与可用属性的融合。这种话语与民众存在自然的切合点，它的形成，一是达到了取悦民众的目的，二是向人们传递了真实有用的信息。同时，它的形成受到了其语言场框架的限制。《品三国》运用媒介话语，让易教授进入影视编导和电视受众的利益制衡之中，就话语的供需关系而言，易教授同编导们组成了供应方，其目的是创造出可以让受众认可的节目，提高收视率，将媒介话语转化成实际的收益。由于在对媒介话语的生产中，制片人比易中天更加熟悉相应的程序，因此同盟关系中，主要表现为制片人对易中天的“改造”，这种“改造”话语隐含着一种权力意志，即媒介的商业逻辑。在商业规律指导的媒介话语场中，制片人、作为演讲者的“易中天”们、观众都是权力发挥作用的筹码，话语正是由于这些人的作为，才能完成创造和消费。作为供求关系中的消费群体，节目观众的属性直接影响到易教授在媒介话语创造中的目标，这也说明，他从始至终都受到商业供求关系的影响。媒介话语的创造过程属于大范围量产，依照的是大数量原则，为的是迎合绝大部分消费者的需要，最终达到商业价值的攫取。批评者的“学术话语”，显示出的是历史科学的超越性特点，它的形成受到了学术语言场框架的限制。学术体系的正规化让专家学者不得不严格按照行业准则办事，这种体系自身就是权力的体现，限制着他们对学术话语的创造。易教授的言语与超越性是相违背的，葛红兵、张颐武对易中天的批判，传达的是历史科学的权力，为的是取得学术场范围内的发言权。学术话语的创造过程属于“有限生产”，供求双方是科学技术领域内的专业人士。文史学者使用这类学术话语，既能

① 杨坤. 两种话语的冲突——“易中天现象”解析[D]. 上海大学社会学硕士毕业论文，2007：43-44.

在学术圈内与相关学者相互沟通，又能对民众进行认知上的启发。这种思维的产生具有历史因素。在古代，社科文化与权力地位紧紧相依，把控着社会的学术范围。现如今，学术话语主要应用于研究领域的特定范围内，而失去了曾有的对人民群众的启迪功能。在商品经济大潮的冲击下，通常会损害知识的超越性价值，改变文史学者对大众的启迪作用，而易中天就是处在这种大环境下的高知人士的代表。学术与媒介话语的矛盾，引发了精英学者在民众面前的表达方式，由于专家学者受学术框架的限制，所作的论述只应用于自身研究领域内部，与民众之间的隔阂逐渐扩大。这种高深的论述不被普通百姓所理解和接受，导致知识分子不能达到启迪世人的目的。而以易中天为典型代表的媒体知识分子，遵从大众媒介的商业规律，创造出的言语符合消费者的品味，却违背了学术研究的超越性价值，不符合高知学者的处事规则。

精英人群如何在民众面前摆好自己的位置，怎样在受众需求与学术要求间建立平衡，是我国高知群体剖析“易中天现象”后总结出的所要解决的严峻问题。从学者专家的立场来看，这次剖析是摆正自身社会位置的机会。

易中天的课堂讲授艺术也是很多高校教师研究和学习的重点。宋成剑、李凤堂两位老师认为[①]，其中用时代热词说道理、妙借歌曲音乐说道理、把控观众需求说道理、具体比拟说道理、诙谐故事说道理、巧答学生提问说道理等讲授方法都可以学习。宋德发、任钰琳两位老师从易教授的学术转型现象思考学术研究与言传身教的关系[②]，认为大学教师需要不断进行学术分析与探究，这是成为一名合格教师的基础。但是不能为了分析而分析，要将选题与自己的课程相结合。由于本科的课程设置普遍涉及范围较大，如果对某一问题探讨得太过深入，反而对日常的讲课没有什么推进作用。此外，要正视对学术成果的宣扬——用文章传播，则要擅长撰写书面语句；在讲堂上宣讲，则要善于撰写讲演语句。如果

① 宋成剑，李凤堂．论名师易中天的课堂讲授艺术[J]．天津市教科院学报，2009（2）：22-25.

② 宋德发，任钰琳．如何化解科研与教学的矛盾——从易中天的科研转型谈起[J]．云梦学刊，2013（3）：134-139.

学者达到了这种水平，不奉承社会体系的权力，必然可以缓解研究与讲授之间的冲突，达到“学问、见解、个性和技巧”四位一体的教学水平。诚然，要达到易教授的学术研究境界，胆量、见识与学识、才华缺一不可。

在《品三国》节目中，易中天运用了丰富多变的措辞句式，将抽象无味的史学知识具体详实地展现给观众。王珊珊老师强调①，一般意义上的通俗与诙谐，实质上是大众化的一种表现形式。暂时不探讨易教授在学术上的立场，起码，其在学术措辞上的做法是开创性的，而且是取得了一定成就的。将高深的知识用浅显诙谐的语句展现出来，给广大学者提供了学术大众化的样本。因为，从古到今，学术词句的特征都是一成不变的，即专业与严谨。但这在一般百姓看来，就是难以理解的天书，里面蕴含的知识也就不能被世人所理解。所以，这对改善现状是有好处的。对《品三国》进行分析研究，易教授改正襟危坐为活泼生动，用饱含文艺特征的辞藻，使“天书”变得浅显易懂、诙谐有趣。这样的探索和尝试给我们提供了新的参考和思考。

谭光辉老师分析了易教授在普通百姓中引起巨大反响的三种方式：剖析历史、重演历史、用电视栏目锦上添花②。易中天说：“我肯定是恰好迎合了社会的某种心态，或者说某种需求。”而谭光辉认为，易中天所说的心态与需求，归结起来就是流氓文化的心理需要，代表着“沉默的大多数”的自身思想观念。易教授在满足这些精神需求时，也利用自身“儒”的社会属性，向民众宣扬史学文化，在与民众共赴嬉皮语言的文化盛宴的同时，充当着身负科普责任的学者角色。

针对学术界对易中天的捧杀和棒杀的两个极端，史式老师认为应当先分析后争辩，反对不做研究跟风起哄③。他一直强调要和平相处，思想主张不同，没必要怒发冲冠，两败俱伤，因为争辩的是理论，不是国土社稷，要用理论说服他人，而不是得理不饶人。赞成七嘴八舌，议论纷

① 王珊珊．论易中天<品三国>通俗化与幽默化的语言特征[D]．山东大学汉语言文字学硕士毕业论文，2009：70.

② 谭光辉．论易中天《品三国》与大众文化的心理同构[J]．西华大学学报：哲学社会科学版，2007（26）：6-8.

③ 史式．捧杀与棒杀——从易中天现象说起[J]．探索与争鸣，2006（12）：15-17.

纷；反对一言为定，定于一尊。面对自以为是的指挥者，对辩论双方指手画脚的行为更要反对，因为这种行为局限了他人的思维。

"研究历史的趣味的盛行，是一个时代正在生长成熟、正在寻求聪明而且感奋的对于人生的大观的征兆。这种智力的老成，并于奋勇冒险的精神，不但未有以消阻，而且反有以增进，一样可以寻出一种新世界，供他们冒险的试验。立在过去的世界上，寻出来的新世界，是真的，实的，脚踏实地可以达到的；那梦想将来所见的新世界，是虚的，假的，只有在'乌托邦一无何有之乡'里可以描写的。"①高钟②老师引用李大钊原话，强调"易中天现象"推动了当今社会"研究历史的趣味的盛行"，是一个时代向前发展的标志。从这个角度来看，历史学家有必要感谢以易中天为代表的学者。谢银峰老师认为③，易中天的风格和方法蕴含有他日积月累的文史知识与厚实的文学沉淀，他为普通百姓创造出学习史学与陶冶品性的条件。

《品三国》节目火爆的背后还蕴含有诸多教学艺术，冯传亭老师认为主要有以下四点④：一是贴近听众、走近听众、抓住听众的节目风格；二是自由、开放、合作的个性魅力；三是幽默、风趣、通俗的语言；四是草根化的内容、草根化的诠释。

拥有媒介话语权的学者怎样才能正确向观众传播自己的观点，是一个一直以来难以解决的问题。宣炳善⑤老师认为，学术专家怎样恰当使用媒介语言，并将其固定为一种高知群体临场演说的话语模式，实质是对学者在多媒体时代的表述功底的考量。

易中天身为大学里的史学学者，显现出的文化身份与在电视论坛栏

---

① 李大钊．李大钊文集[M]．北京：人民出版社，1984：763.

② 高钟．史学的专业化与大众化刍议——"易中天现象"的史学解构[J]．苏州科技学院学报：社会科学版，2008（25）：77-81.

③ 谢银峰．易中天讲座艺术浅析[J]．延安教育学院学报，2007（1）：61-63.

④ 冯传亭．试论易中天品三国的教学艺术因素——兼谈高校教师教学艺术的缺失与对策[J]．菏泽学院学报，2007（1）：127-130，139.

⑤ 宣炳善．"说史"还是"说书"——兼论易中天的知识分子历史观[J]．学术界，2007（4）：121-126.

目里的必然不同。张建生老师指出[①]，第一，前者身处大学，展现出许多学院文化的特点；后者身在传媒领域，展现出许多市井文化的特点。第二，这两种身份的价值观念不一样。大学里有着完整的授课要求和学术规定；而在大众传播领域，收视率和市场份额是评价的主要指标。第三，二者形象身份不同，前者属非公众身份，后者属公众身份；而由此产生的社会认同的选择也必然是不同的。一是认同范围的差别，前者需要同业学者与学生的认同；后者需要普通读者的认同。二是认同的层次不同，前者是精英认同；后者则主要是大众认同。"易中天现象"引发争论的实质，乃是文化身份改变与社会认同取舍的移位问题。从结果看，众多专家学者怀疑易教授文化身份改变的合理性。广大观众只是单纯认可易教授在传媒领域的史学家身份，而易中天本人并不觉得自身的文化身份发生了变化。

杨立英老师仔细研究了《易中天品三国》和《于丹<论语>心得》，探讨了市场主导下的文化消费成因，以及国学典籍的流行化诠释，并认真地考虑了国学文化在如今的环境中的发展前景[②]。她认为，历史是发展的，也许有一天，现在的时尚解读也会慢慢由新生的经典"包装"取而代之。但我们相信，能够代代相传的范本必然是经典原作，而非当前火热的时尚解读。当代文学的创作要有当代自己的文字。

易中天作为厦门大学教授，自从在中央十台的论坛类栏目《百家讲坛》里录制《品三国》后，快速走红，变为深受各路媒体追捧的文化明星。姬米刚、王泽华两位老师认为其走红的原因主要有三[③]：一是体其节目名称中富有启示性和新鲜感的"品"字，二是在电视讲稿中多用群众语言，三是电视主讲人有较强的演讲能力与较好的艺术气质。

易教授在诠释三国经典时，将历史唯物主义具象化，认为剖析史学人物事件要遵循三个标准，即"还原""比较""分析"。郭秀琦、孔德刚

---

① 张建生. 文化身份的转换与社会认同的选择——解读"易中天现象"[J]. 兰州商学院学报，2007（3）：105-107.

② 杨立英. 文学经典的时尚解读[J]. 沈阳教育学院学报，2008（2）：19-21.

③ 姬米刚，王泽华. 央视《百家讲坛》走红的文化反思[J]. 采写编，2006（5）：22.

两位老师觉得易中天在执行这几个标准时也会有纰漏[①]：首先，将襄阳、赤壁之战看作是魏、蜀之间的战争，这不合史实；其次，孙权与刘备因为曹操的一封信而结成同盟的说法不准确；还有，《白衣渡江》援引了《吕蒙传》里两则不正确的材料。

易教授在《品三国》里使用的词语句式很有探讨的意义，措辞手法应被看作衡量《品三国》艺术价值的标准。从遣词造句的角度出发，能够看出易中天展现出了蕴含在文字中的丰厚的美学底蕴。何燕老师用广义修辞学的相关原理，联系《品三国》中的词语、句子，展开对其措辞手法的研究[②]：一是易教授理解观众"雅俗共赏""听大书情结""文史合一"的接纳习惯，使用浅显的词句，配合悬疑铺垫的手法，顺利地获得了观众的认可。二是易中天将三国故事作为接受文本，剖析将士间的勾心斗角、君主间的不忠不义、手足间的同室操戈、国度间的攻城略地，很好地契合了民众的现实需要。三是易教授用"人性"诠释历史故事，展现当事人的性格，推翻了过去被妖魔化或者被神仙化的人设，将其重塑成鲜活的正常人。四是大量使用移时、别解、仿拟、引用等修辞手法，将《品三国》的句子历练得浅显明了，同时还诙谐有趣。

王珊珊老师对《品三国》的几类用词进行分析，一是就业、婚恋、媒体、社会与人才发展等流行语，二是行政、经济、军事、法律等现在的行业语，三是外来词和历史词，四是熟语。研究指出[③]：易教授从观众的口味和传媒领域的规则出发，大胆使用了现代语言中流行的词句和熟语，为其演讲的内容增色不少，也让节目措辞更加诙谐有趣，朗朗上口。易中天对历史知识作了浅显化、大众化的诠释，深受社会认可，取得了不俗的成绩，从而形成了所谓的"易中天热"。李乔老师仔细分析了"易中天现象"中易教授所扮演的各种角色，以及角色背后的文化权力，力

① 郭秀琦，孔德刚．易中天《品三国》补正[J]．阴山学刊：社会科学版，2008（1）：11-14，18．

② 何燕．易中天《品三国》的修辞分析[D]．福建师范大学语言学及应用语言学硕士毕业论文，2009：31．

③ 王珊珊．易中天《品三国》用词的通俗化与幽默化[J]．厦门教育学院学报，2009（1）：58-63．

求揭示出现代社会中存在的由各种各样的文化权力所形成的庞杂的文化框架。[①]李乔认为，当代中国文化生态建设中，我们希望“共同提升”，而不是共同沉沦，希望文化领域内不同文化权力形成合力，既为我们提供历史的、精英的文化深度，又让我们得到文化消费的快乐。

易中天的《品三国》对当今民众的理解能力和接纳水平造成的影响是十分明显的。方乐老师从当代人的见识领域和文学标准两方面入手，对其进行了研究，得出易教授的作品受到观众热捧的原因有以下几点[②]：社会史学文艺内容的不断丰富，科学宣传方法的进一步革新；选择了为学者与大众共同关心的话题；特殊而新奇的入题观点，富有个人特点的表述方式。

我们可以将“易中天现象”看做是，根据特定的语言环境，为了达到既定的表达目的，论述者在遣词造句时精巧地形成的个人修辞品格，将演说内容与观众的利益加以平衡，采用适当的修辞方式，最终让词句能完美表述作者的中心思想。张泓老师认为[③]，在对易教授及其作品进行研究之后，我们将其视为一个新媒体与高知人群协调配合的典型案例，这体现了修辞学对文章语言效果展示的重要作用，也对我们分析不同领域的跨界合作提供了帮助。在这里，我期盼广大学者能够正视西方修辞学，并仔细学习，为己所有。

詹昌平老师指出，“易中天现象”表现出当今国人对知识的渴求，急需汲取思想文化的营养[④]，但也要看到，民众不喜欢单纯的讲书传道，拒绝接受一味的填鸭灌输，渴望通过一种活泼通俗的方式展现多彩厚重的传统文化。这所反映出的民众新的文化诉求、认知水平以及传媒方式的变革方向，都需要语言学者的密切关注。

---

① 李乔. 易中天身份研究[D]. 四川师范大学文艺学硕士毕业论文，2011：40.

② 方乐. 易中天“品三国”广受欢迎的原因[J]. 湖南城市学院学报：人文社会科学版，2007（3）：77-79.

③ 张泓. 易中天现象：大众传媒与知识分子的修辞合作[D]. 福建师范大学英语语言文学硕士毕业论文，2010.

④ 詹昌平.“易中天现象”的现代语言文化信息传播意义[J]. 福建工程学院学报，2008（4）：170-174.

第四节

其他三国相关影视作品研究

中国优秀的传统文化是最具世界性的，借由动画片《三国演义》将重信、重义这一极具东方神韵的价值观推广到世界各地，这是合作双方共同的目标。

——石田俊三郎

《三国演义》作为中国古代四大名著之一，在我国的文化领域具有十分重要的地位，它所包含的不仅仅是仁、义、礼、智、信等正面的道德观念，众多恶性也在文中有鲜明的表现。青少年阶段是"三观"形成的重要时期，青少年在欣赏《三国演义》时会很大程度地受到它的价值观的影响。王群[①]老师表示，《三国演义》在翻拍成为影视剧和动画片时，我们应当取其精华，去其糟粕，让作品给予青少年正面的影响。从创作的角度来说，我国的动画片创作还处于发展的上升期，有很大的发展空间。

根据我国名著《三国演义》改编的同名动画片运用现代的技术手法和动画的表达方式，诠释了我国的历史文化，展现出了传统文化的精髓，也给予青少年一个了解历史的机会。王鹏[②]老师作为该片的编剧坚持"国际性与民族性的统一、历史性与现代性的统一、技术性与艺术性的统一"这三"统一"原则，为我们呈现出了一部能够延续名著精神和内涵的伟大作品。

动画片《三国演义》在2009年热播，它代表着中国动画片创作的一个积极尝试。刘畅、李阳[③]两位老师表示，电脑数字技术的发展不仅仅是对传统工笔画的代替，更是对其的一种延伸与发展，是一种全新的表现形式在动画片中的应用。虽然，它最初出现的目的是模仿工笔画，然而正如一个人不能两次踏入同一条河流，艺术也遵循同样的发展规律。每一个时代，每种艺术形式都有其自身的特色，它们是难以复制，也不该被复制的，艺术应当永无止境地向前发展。

对三国时期历史文化的推广和传播是推动相关动漫产业发展的动力之一。动画能以一种浅显易懂的方式表现出我国传统文化的深刻内涵。石含璧[④]老师认为，以"三国"为题材的动漫产业对于我国经济的发展具有重要作用，在这个过程中，我们可以适当地借鉴日本动漫的发展模式，使我国的相关动漫产业更加完善。除了发展动漫本身，还可以通过动漫

---

① 王群.《三国演义》动画中的"七宗罪". 戏剧之家，2015（3）：138.

② 王鹏. 粲溢古今高风跨俗——浅谈电视动画片《三国演义》的创作理念. 中国电视，2010（2）：67-70.

③ 刘畅，李阳. 从动画片《三国演义》探究三维数字艺术中的工笔画效果. 装饰，2011（10）：135-136.

④ 石含璧. 从日本三国主题动漫产业商业模式看中国三国文化动漫产业的发展[J]. 北方文学（下旬刊），2013（4）：158-159.

周边和相关会展等进行文化的传播，这也有利于进一步带动经济的发展。这种发展方式，离不开政府部门、动漫公司的大力支持，通过一系列的方式进行推广和传播，真正实现我国动漫产业的持续发展。

李三强[①]老师总结了《三国演义》动画的出现对于我国动画产业发展的启示：首先，在题材的选择上，我们应当摆脱局限性，放眼世界进行选材；其次，在动画的创作上，应当扬长避短，体现出自己的优势；最后，更加深刻地挖掘我国的传统文化资源，展示特色文化。

现阶段，我国的动画产业快速发展，并逐步参与到国际市场的竞争与合作中。因此，探究以《三国演义》为代表的动画产业的发展状况，对于推进我国传统文化的传播和经济的发展具有积极意义。曹海峰[②]老师表示，在文化的交流和传播中，我们要更深刻地挖掘其内在的文化内涵和与众不同的文化元素，并且结合现代精神对其进行开发和创作，使得具有东方古典美感的我国动画与唯美的日本动漫、具有创造力的美国动漫区分开来，在动画中融入更多的中国元素，并赋予其国际化的符号。

日本戏剧对我国三国故事进行了改编和创造，其改编涉及场景、人物、故事等各个方面，这种创造性的借鉴和发展使得其引进的文化具有了鲜明的本土精神，体现了日本的文化内涵。王赛[③]老师对于这样的创新持以下观点：日本戏剧在借鉴中国历史文化故事的基础上，又革新了表演方式、剧情安排等等，这种突破性的创新打破了历史剧平铺直叙的剧情表达和沉闷的剧情效果。中国的三国历史文化传播到日本后，故事、人物的创新使之脱离了本身所代表的精神内涵，而迎合了日本的价值取向和审美要求，形成了包含其自身文化价值的新三国文化。

日本引进三国文化的案例给跨文化研究提供了一个独特的视角，这种引进方式既借鉴了国外历史文化的精华，又保护了自身的民族文化，

---

① 李三强．中国动画如何才能“走出去”——《三国演义》动画版给我们的启示[J]．中国电视，2010（1）：50-55.

② 曹海峰．动画片的跨文化传播探析——以《中华小子》《三国演义》为例[J]．解放军艺术学院学报，2012（2）：76-79.

③ 王赛．三国故事与日本三国戏[D]．上海师范大学戏剧戏曲学硕士毕业论文，2016：34-36.

传递了本国的民族精神，同时也有利于各地域文化之间的交流与融合。该动画片在《三国演义》文本的基础之上将传统的经典文化与时尚精神融合在一起，创作出了新的“三国精神”。

日本动漫善于借鉴国外的故事题材，我国的神话故事和文学名著都被运用到日本动漫的创作过程中。《三国志》的巨大成就使得日本动漫不断地挖掘三国时期的相关题材，运用不同的方式和角度进行创作，并把这些动漫传播到世界各地，甚至一些中国的年轻人都是通过日本的动漫了解三国时期的历史。与此同时，相关题材的动漫作品也为日本带来了很大的商业利润。

我们再看中国动画。我国的第一部动画片诞生于 1926 年。近些年来，动画行业的发展取得了一些成绩，但依旧不能称其为成熟的产业。20 世纪 80 年代以来，我国大规模引进了日本及欧美的动漫，国产的动画很难占据国内市场份额。中国是一个具有悠久历史的文明古国，有着丰厚的文化底蕴和文化内涵，但我们却没有很好地挖掘和利用，反倒被日本借鉴、改编，还以此获得了巨大的经济利益。对此，尚好婵①老师认为，我国动漫产业的发展可以借鉴日本的发展方式，同时还要扩大动漫的受众群体，并增强其对于我国青少年的教育意义。

35 集历史剧《吕布与貂蝉》根据名著《三国演义》改编，该剧大胆地改编了吕布和貂蝉的故事，并于 2002 年播出，其收视率屡创新高，但也招致了社会各界的质疑。基于部分观众的建议，当时的广电总局宣布停播该剧，并对其提出了修改意见和要求，责令相关单位对剧中三国人物的设置和故事情节进行修改。经过四次修改，剧名被更改为《蝶舞天涯》，在 2003 年 11 月通过国家审查，并继续播出。其制片人表示，我国应当尽快完善历史剧审核、播出的相关法律，以降低电视剧生产、制作、传播中面临的不确定性。徐迅②老师从法律的角度对该案例进行了分析，他认为法律难以解决所有的问题，在电视剧制作标准的制定上我们应当

---

① 尚好婵．日本动漫中的“三国热”[D]．湘潭大学比较文学与世界文学硕士毕业论文，2013：40-41.

② 徐迅．电视剧生产需要规则——电视剧《吕布与貂蝉》一案的法律视角．中国广播电视学刊，2004（3）：36-38.

尽快完善相关的行业标准。

在《三国演义》中，关羽是一个武艺高强、忠肝义胆的形象，但在影视剧《关云长》中，编剧庄文强对关羽的形象进行了创新。欧阳梦①老师对此作出了评价：首先，关羽武艺高强，但不是杀人机器；其次，关羽在剧中的形象并非冷血无情；另外，他依旧忠诚侠义，但也没有拥刘反曹。影视剧在原著的基础上做出了创新和改变，使得人物性格更加丰满、人物形象更加有血性。

《三国之见龙卸甲》这一影片一经放映，就引发了国内外的考证热潮，许多人把该影片与《三国志》进行了比较，这从侧面反映出人们并没有重视该影片的艺术价值，特别是其情节的设计、兵器服饰、皮影艺术等，这些本都应该是观众欣赏分析的重点。邓辉②老师指出，在《三国之见龙卸甲》中，英雄赵云的形象是整部影片的核心，其中的皮影艺术更加体现影片的创新性：首先，编导有这种思路是难能可贵的；其次，赵云在影片中所展现出来的爱以及决绝，在皮影民俗事象中得到了很好的体现；并且皮影是我国的独特文化，具有很强的文化审美价值。

事实上，曹操的角色在众多的影视作品中一直都备受争议，有的学者认为曹操是三国乱世中的“一代奸雄”，他非常擅长权术，阴险狡猾。也正因为这一点，众多影视作品都将曹操脸谱化。袁红兰③老师将《铜雀台》和《关云长》这两部影视作品作为研究的对象，对其中曹操的形象给以了分析，指出：正是由于影片创作人员对曹操的看法不一致，才使得我们能够从不同的视角来对曹操的形象进行解读。对于历史的真实情况，我们只能通过考查，得出一定的结论，但是无法还原。

从现在的文化环境来看，解读经典已经成为一种潮流趋势，这使得古典文学充满了活力。徐丕文、冯智强④两位老师指出，《关云长》这部

---

① 欧阳梦. 电影《关云长》中关云长的人物形象塑造[J]. 电影评介，2014(23)：21-22.

② 邓辉. 电影《三国之见龙卸甲》中皮影民俗事象的呈现及价值解码[J]. 电影评介，2015（14）：101-103.

③ 袁红兰. 国产电影中曹操的人物形象塑造[J]. 电影文学，2015（13）：9-11.

④ 徐丕文，冯智强. 经典名著《三国演义》的“非经典”改编——评电影《关云长》[J]. 电影评介，2016（2）：61-63.

影视作品具有一定的代表性，它比较全面地还原了《三国演义》文本。一方面让观众能够通过影视作品来了解三国；另一方面，该作品并没有采用传统的英雄人物塑造方式，而是用现代化的手法，对人物形象进行解读，使其符合现代人的思维方式，也就是说，该部影片不仅在叙事上表现出现代影视作品的商业性特色，也在其艺术的表现形式上体现出了这一点。不过，当下的一些影视作品并没有展现出历史的真实情况，甚至故意地扭曲历史事实，片面地追求形式上的前卫，忽视了影视作品的内容，艺术水平也不高。

《貂蝉》这部影视作品问世于20世纪50年代，是当时香港邵氏根据我国经典名著《三国演义》改编而成的。这部作品十分形象地展现了貂蝉用美人计使董卓身亡的情节。王凡老师认为，《貂蝉》这部影视作品，并没有突出强调貂蝉的性格特点，并且在叙事上缺少一定的艺术感。但值得肯定的是，在这部作品的拍摄过程中，貂蝉这一女子的命运和影片想要传达的一种“公义为先”的献身精神很好地结合在了一起，同时充分地体现了20世纪50年代人们对《三国演义》中的人物角色的精神内涵的感悟，充分展现了那一时代影视界在叙事情节上的表达技巧及人们的思维方式和意识形态。另外需要谈到的一点是，该影视作品中融入了我国的戏曲艺术，扩大了这部作品的艺术性。[①]王凡还对另外一部影视作品《神通术与小霸王》进行了分析研究[②]。《神通术与小霸王》也是根据《三国演义》改编而成的，其导演张彻别出心裁，以“道、侠互融”的创新性的视角来塑造小说中人物于吉的形象，尽管通过这种角度、方式所塑造的形象与小说中的形象并不是完全相同，也就是说，这部影片并没有很好地忠于原著，但其也实现了预期效果。著名的影视评论家巴赞曾经指出：现如今的影视作品，大多数都选题于小说，并且产生了较为明显的效果。究其原因，最根本的就是这些影视作品能够灵活地运用多种多样的表现手法。导演对美学结构有深层次的理解，并能够将其运用至

① 王凡. 论香港邵氏电影《貂蝉》对《三国演义》中貂蝉的形象重塑[J]. 湖北文理学院学报，2017（3）：15-19.

② 王凡. 论香港邵氏电影《神通术与小霸王》对《三国演义》的影像改编[J]. 西华师范大学学报：哲学社会科学版，2016（1）：70-75.

影视作品中，因此，最好的表达效果并不是完全地忠实于原著，而是要有自己的思维方式，将原著中作者想要传达出的思想内容等，以影视的方式进行灵活的展现，可以说与原著相比，这些带有一定改编性质的影视作品，更加形象，更加吸引观众，同时也没有偏离原著作者进行创作的真实意图。最好的影视作品不是对小说等原著的照抄照搬，而一定要加入创作者的主体意识，让影视作品有自身的独特性，更具有活力和创新性。尽管《神通术与小霸王》这部影视作品的有些情节或者场景的设置颠覆了原著，但其还是从很大程度上侧面反映出了当时那个年代，香港改编经典名著小说的特点。需要说明的是，对《神通术与小霸王》这部影视作品的评价一定要客观。一方面，该部作品以影视的形式，吸引了观众，使得很多观众在欣赏完该电影后，重新阅读了《三国演义》，从而对原著有一个更深入的理解，有更新的感悟，该部名著的普及化程度也因此有一定的提升。然而，在另一方面，这种后现代文化通过各种形式将经典的作品进行改编，传达的思想却比原著肤浅了很多，有的甚至刻意迎合某些观众的需求，扭曲小说或者历史的事实，展现了一定的庸俗文化，让许多观众（读者）误解了原著的内容，这在一定程度上不利于我国优秀文化的弘扬及传播。

《三国之见龙卸甲》充分展现出自身在艺术上的个性，比如说在其叙事的手法上、情节的安排上、人物的心理活动上等都有体现。因此，孟凡东①老师指出：对这部影视作品评价的标准不应该再按照传统的尺度来进行，也就是说不能从历史内容真实性的层次上来衡量，或者说不能因其没有忠于原著，就将其归于不成功的影视作品一类。而是应该从电影艺术这一标准出发，对其进行分析，给出一个较为客观的评价。

演员的演技、导演的表现手法、摄影技巧的运用等是决定影视作品能否成功的关键因素，然而配乐的效果也不容人们忽视。王鑫、刘宁②两位老师指出，《关云长》这部作品并没有照搬传统意义上对影视作品配音的使用技巧：通过配乐来刻意地展现人物的形象特征，即没有让音乐引领故事情节的发展。在这部作品中，悠扬的箫声，清脆悦耳的笛声，都

① 孟凡东. 品《三国之见龙卸甲》[J]. 电影评介，2008（23）：26.

② 王鑫，刘宁. 浅谈电影《关云长》背景音乐的运用[J]. 电影文学，2012（10）：143-144.

让观众沉浸在故事的情节里，仿佛融入到了这部作品中，表现出了我国传统文化的独特魅力。

我国的文化受到儒家政治伦理的很大影响，因此在《三国演义》里面会出现立场、性格截然相反的人物形象，例如曹操的奸诈狡猾，关羽的忠义断然，并在作品中很明显地传递“拥刘反曹”这样的思想。李娜[①]老师认为，现如今价值观念越来越多元化，人们不再局限于传统的对历史人物的看法，而是更加客观公正地对这些人物进行评价，因此在如今，很多人为曹操进行辩白。

电影在我国的登陆为《三国演义》故事的传播提供了一个更为广阔的平台，使其频繁地选为被影视作品题材。李元元[②]老师对每个时代的《三国演义》影视作品的特点进行归纳总结，以其发展及表现出来的特点将对其的改编归纳为三个阶段：第一阶段为萌芽期，在这个时期，《三国演义》开始出现在影视作品中；第二个阶段为成长期，在该时期，大量的影视作品都是根据《三国演义》改编而来的，形成一股热潮；第三个阶段为成熟期，经过上个阶段中人们的探索研究和实践活动，对其的改编已经相对成熟了。自电影引入中国的100多年来，其艺术形式和手段不断发展，趋于成熟，并且改编的理念也出现了较大的变化，呈现出多元化的特点。不仅在对原著的解释上更加地有内涵，且创作的手段也越来越多样化。

现如今，文化的传播已不再囿于纸质书籍，电视以及网络这样的传播媒介也受到了人们的欢迎。尤其是在泰国，人们热衷于通过影视作品来了解中国的文化。由此《三国演义》的影视作品在泰国得到了人们的热捧。范兰珍[③]老师经过分析研究指出：较之传统的方式，以三国文化为题材的电视剧以及电影，在泰国的传播速度是最快的，并且取得的效果也是最明显的。

---

① 李娜. 浅析《关云长》对《三国演义》的颠覆性演绎[J]. 电影文学，2011（23）：49-50.

② 李元元. 影视演绎中的《三国演义》[D]. 济南：山东大学，2010.

③ 范兰珍. 中国历史故事题材影视剧在泰国传播研究——以《三国演义》为例[D]. 南宁：广西大学，2015：53.

第三章

三国相关游戏研究

第一节

《三国杀》游戏相关研究

文化产业不仅要追求经济上的价值，还要关注如何通过文化产品去引导国家和社会追求更高文明和精神的社会氛围，引导全体国民去追求一种更有意义和更有价值的社会生活。

——向勇

《三国杀》这款游戏在对西方游戏进行借鉴的同时，将三国时期的人物关系融入其中，将历史人物通过卡牌的方式鲜活地展现给了玩家。其设计者李国亮[①]老师在设计这款游戏时把握了以下几个特点：首先是新颖的玩法。其次是简而不单，卡牌所代表的人物以图画的形式表现出来，人物更加丰富立体，其技能也清晰地标注在卡牌上，使得游戏更容易上手。再次是玩法不难，但想要玩得好，则还需要很多的思考和积累。另外，则是游戏的内涵。这款游戏中，武将的技能都不是凭空出现的，而是通过其生平经历或者性格特点创作出来的，锦囊牌的名称和作用也都依据《三国演义》中的典故而设置。《三国杀》这款游戏除了探索和运用《三国演义》的文学内涵，也尝试去赋予了它其他的内在价值，使得这款游戏具有更高的文化价值和娱乐性，它不仅蕴含了我国的传统文化，也体现出了我国现阶段的文化精神，将传统文化及当代文化与人们的距离拉近了许多。苏海伦[②]老师表示，在对《三国演义》的开发和探索中，卡牌中的角色均取自《三国演义》文本之中，在设计各个角色的技能时，也都参考了其在文中的性格和经历，例如，刘备仁爱、温厚，手下的人对他忠心耿耿，他在《三国杀》中的技能则为“仁德”，即可以将其手牌给予其他玩家，给牌数量大于等于两张，则刘备可加“一滴血”（生命值）。在《三国杀》中，有 49 张锦囊牌，包括顺手牵羊、过河拆桥、乐不思蜀、兵粮寸断等；有 26 张装备牌，包括青釭剑、仁王盾、诸葛连弩、赤兔等。这些卡牌的原型都来自于《三国演义》。游戏的主旨也与《三国演义》一致，忠臣要保护主公，消灭反贼。这款游戏虽然源于《三国演义》，但也有自己的独创之处：首先，战争的胜负是未知的，可能是代表正义的一方取胜，也可能是乱臣贼子杀掉主公获胜；其次，游戏的胜利需要团队成员的配合，单打独斗是难以获得胜利的；另外，三国情怀中包含的博弈思想在游戏中体现得淋漓尽致，尤其是“内奸”身份。在国战玩法中，每个角色都为自己的利益而努力，适时的结盟则可能有意想不到的收获。除此之外，苏海伦还对《三国杀》的文化价值进行了研究：首先，游戏

① 李国亮. 《三国杀》中的设计感悟[J]. 文艺生活：下旬刊，2011（11）：193.

② 苏海伦. 从桌游《三国杀》看中国经典文学作品的开发利用[J]. 西南交通大学学报：社会科学版，2011（5）：44-47.

中蕴含着我国传统的文化精神，其中的团队精神、谋略权术、纵横博弈都体现着我国的历史文化，这是历史的再现，也是一种传承。《三国杀》不仅包含传统文化中的仁、义、礼、智、信，也加入了扑克牌中所需要的团队精神。其次，游戏的出现也会对《三国演义》原著的传播产生一定的助力。玩家在《三国杀》中可以了解到一些历史典故和人物性格，这种碎片式的信息很可能会使得玩家转换为读者，激发其阅读原著的热情。这则是这款游戏将大众娱乐和经典文本联系在一起的最好体现，它能够很大程度地扩大文本的传播范围。苏海伦表示：我国有很多类似的文化产品都是基于传统文化开发的，但是在开发的过程中，很容易受到其他因素的影响。在文学名著的阅读和鉴赏上，每个人都会对其有不同的理解，而在开发相应文化产品的过程中，我们不能因为自己的理解而完全背离原著，更不能因为利益而置传统文化于不顾。《三国杀》游戏的开发，在基本上保留文本核心内容的同时，稍加改良，使得基于传统文学作品的游戏更加具有现代的文化价值。综上所述，我们在对经典的文学作品进行开发时，在探究其内涵的同时也要适当地创新，创新不是凭空想象，而是基于对原著深刻理解后的升华。

在《三国杀》游戏的开发和设计中，不仅仅在故事的背景上运用了《三国演义》文本中的内容，更将其故事融入到了游戏的各个方面。王成宇①老师认为，这款游戏不仅在角色和卡牌的设置上依据了三国时期的故事，在游戏规则和玩法上也同样考虑了三国的背景，使得游戏更能体现出团队博弈的乐趣。

桌游这种游戏玩法大多在熟人间进行，同时也是一种认识新朋友的方式。在对桌游的研究和分析中，游戏的受众群体和游戏的习惯是主要的研究对象。王纯②老师在研究《三国杀》传播迅速的原因时，进行了一个问卷调查。调查表明：首先，在参与游戏的玩家中，男性玩家人数较多，但男女数量差距并不大。参与游戏的玩家整体素质较高，大多有本

① 王成宇. 浅析《三国杀》的传统文化元素运用[J]. 企业文化（中旬刊），2012（3）：180.

② 王纯. 网络桌游的受众分析——以“三国杀 online”为例[D]. 西南政法大学新闻传播学硕士毕业论文，2013.

科及以上的学历，以学生为主，也有不少年轻白领参与其中，玩家年龄则集中在19—32岁。其次，在游戏的行为中，玩家大多是通过朋友的介绍和带领参与到《三国杀》游戏中来的，这样的传播方式可以使玩家很快地熟悉游戏规则。在武将牌的选择上，玩家作出的选择和其性格有直接关系。另外，在参与游戏的动机上，娱乐和消遣是主要原因，宣泄、社交也是玩家参与游戏的动机之一。

信天骄[①]老师除了对《三国杀》游戏的由来、发展过程、现状等进行探讨以外，重点研究了该游戏从桌游向网游发展的过程，她认为《三国杀》的快速发展和传播带动了桌游吧产业的发展，这让其开发者感受到了桌游走向产业化的希望，《三国杀》一定还有着更大的开发潜力。《三国杀》卡牌的成功给予网游市场很大的信心，但作为一个新兴事物，身处一个全新的领域，必然面对着种种困难。如何维持《三国杀》的老玩家在线上进行游戏？怎样吸引新玩家？要推出哪些新的玩法让游戏更加有趣？怎样让这个网络游戏长久地发展下去？这些问题都对这个全新的行业提出了挑战。潘忠孝[②]老师对《三国杀》进行了一个创新性的研究尝试。他随机选择了永嘉县上塘中学的学生进行调查研究，运用问卷和访谈的方式搜集有效的资料，整理分析相关信息，得出了以下结论：首先，在上塘中学开设《三国杀》选修课具有一定的可行性，但在这个过程中，需要参考家长、老师和学校的意见。其次，这类兴趣选修课的开设是很有必要的，不仅能适当地减轻学生的学习压力，也有助于开发学生智力，培养其特长。另外，这类参与型课堂较之传统课堂更受学生的欢迎，学生自愿参与其中，成为课堂的主角。潘忠孝不仅希望在研究中提高自身的专业化发展和研究水平，也想要给学生提供一个更加适合其全面发展的个性化平台，以培养学生的兴趣爱好，另外也为学校和其他教师开设兴趣选修课提供借鉴。

《三国杀》这款游戏基于《三国演义》这一名著，在合理运用原著元

---

① 信天骄．浅谈“三国杀”由桌游向网游的进军[J]．网络财富，2010（15）：166-167.

② 潘忠孝．普通高中休闲游戏选修课程实施研究——以“三国杀”选修课程为例[D]．杭州：浙江师范大学，2014.

素的过程中进行了一定程度的创新，并因此取得了很好的成绩。马一鸣[①]老师表示，基于《三国演义》的故事情节或者历史人物来开发的游戏不在少数，但大多数都没有深入挖掘文本的内涵，而只是利用一些噱头。《三国杀》在竞争如此激烈的游戏领域能够有今天的成绩，正是由于它充分地理解了原著，理解了每个角色，使得每个卡牌都可以从原著中找到其创作依据，而玩家在游戏中，也可以真切地体会到三国的元素和三国的精神。

《三国杀》游戏的产生和发展不仅给大众提供了一种新型的娱乐方式，也为我们提供了一个了解三国文化的机会。中原工学院于 2013 年开设了“三国文化与三国杀”这门选修课，课程包括两个方面，一是三国文化，着重讲解魏、蜀、吴三个国家的历史；二是《三国杀》攻略，包括解析武将、游戏概况、身份局攻略等。学校开设这门课程，除了传递给学生一种益智类游戏玩法，也是想要激发学生对三国时期文化的兴趣，真正实现寓教于乐的目的。张志增、苏文龙[②]两位老师对于三国文化与《三国杀》之间的联系进行了进一步的研究，结果表明，《三国杀》的游戏体系是基于三国的文化和历史建立起来的，它在游戏领域取得这样的成绩也很大程度上取决于它的历史内涵。这样看来，《三国杀》不仅是一款娱乐游戏，而且它也很好地将娱乐和历史内涵相结合，让游戏在具有娱乐性的同时，也有一定的知识普及意义。现如今，游戏行业的迅猛发展带动了我国经济的发展，《三国杀》用实力证明游戏不仅仅是一种消遣的方式，更可以成为文化传播的载体。“三国文化与三国杀”这门选修课让《三国杀》游戏走进课堂，通过游戏引导学生了解和热爱三国文化，这样的尝试也给予我们一种历史传承的新思路。张志增、苏文龙[③]认为，在“三国文化与三国杀”教育中采用网络平台的方式有以下优势：首先，接入

---

① 马一鸣．从《三国演义》对《三国杀》的影响看继承传统文化的新思路[J]．北方文学（下旬刊），2015（2）：234.

② 张志增，苏文龙．基于《三国杀》学习三国历史与文化的探析——以中原工学院《三国文化与三国杀》课程为例[J]．教育教学论坛，2016（48）：102-103.

③ 张志增，苏文龙．网络教学平台在《三国文化与三国杀》教学中的应用[J]．河南教育学院学报：哲学社会科学版，2016（5）：120-122.

视频和音频，使教学讲授更加清晰，网络教学可以实现双屏幕，老师的讲解和游戏的操作可以通过网络同时传递给学生。其次，教学中可以加入一系列的应用程序。再次，讨论专区可以使得学生之间、师生之间进行更加密切的交流。最后，网络上的丰富资源也是三国文化学习的很好途径。网络教学是现阶段逐渐兴起的教学方式，它的功能很强大，具备传统教学方式不具备的优势。当然，想要充分地发挥网络平台在教育中的优势，我们需要进行一系列的研究和改革。教学除了是一项劳动方式，也是一门具有创造性的艺术。教学创新包含很多方面，其中教学方法的创新能够有效地培养学生的创造力。在进行网络教学方式的创新时，也不能忽视传统教学方式的长处，二者的有机结合才能够获得更好的教学成果。

网络游戏的发展依赖于具有粘性的用户，他们才是游戏公司盈利的关键。孙冰①老师通过案例分析的方法，对于《三国杀》在网络中的推广进行了探究，结论如下：首先，这款网游已经处于成熟期，用户人数基本处于稳定的状态，人数波动范围较小，但手机游戏的发展给这款游戏提供了新的思路，手游《三国杀》也有着很大的市场潜力。《三国杀》的推广和发展过程基本顺应我国互联网的发展趋势，我国的网游种类和规模依旧在扩大，但是其中愿意为游戏付费的人群基本已经固定，这部分人群也来源于网游的推广和手游市场的发展。其次，《三国杀》游戏启用了不少的推广方式和推广活动，主要包括线上、线下两个部分，但其各种活动缺乏整体性，相互连接也不够紧密，缺乏整合传播的效果。我们所说的整合传播不是各种推广的堆砌，而是要综合考虑企业各个方面的情况，包括人才、资金、品牌、产品等，以实现对企业资源的高效利用。由于市场环境的复杂性和用户需求的差异性，整合传播的高效进行并不是一件容易的事，但对于《三国杀》这个游戏来说，它在这方面依旧具备很大的提升空间。另外，《三国杀》与其他行业的品牌有一定的合作，但与整个网游行业相比，其合作的力度还有待提高。最后，对于《三国

① 孙冰．网游三国杀的品牌推广与延伸研究[D]．首都经济贸易大学工商管理硕士毕业论文，2014.

杀》这个品牌来说，适当的品牌延伸将有利于其发展壮大。在游戏产业和动漫产业中，周边产品是其盈利的重要部分，《三国杀》也可以借鉴这个思路，开发一系列游戏周边。

吕智宇[①]老师从工商管理的角度对《三国杀》游戏进行了探讨。他表示：对于企业的高层领导者来说，想要更好地管理和经营企业，除了要做好自身的工作，不断提高自身素质，也要合理地防范企业面对的风险。《三国杀》游戏中的人物是通过技能进行性格分割的，而这种分割在现实生活中是不存在的，我们要尽可能地发挥每个人的优势，以团队合作的方式实现效用最大化。孙昌卿[②]老师对《三国杀》现阶段存在的问题进行了探讨，包括同类游戏占据其市场份额、老玩家难以维持、吸引新用户的能力不足等等，并对以上问题提出建议：一是《三国杀》应当建立其游戏品牌，与其他游戏形成区分性，同时提升自己的知名度。二是选择适当的营销策略，增加游戏的趣味性、平衡性和可玩性。高效运用其现阶段的营销渠道，同时开发新的渠道，重点开发二三线城市的新用户，可以与一些桌游吧合作。游戏人群的开发主要集中在大学生群体，公司可以与社团和学校组织合作，举办相关活动或者赞助学校活动等。三是《三国杀》应当建立自身的竞技体系，吸引高端玩家，举办相关比赛，提高游戏的关注度，让人们在关注比赛的同时也参与到游戏中。四是吸引行业人才，游戏行业和其他行业对于人才的要求有所不同，而作为企业的核心，人才的培养是重中之重。五是对网络游戏平台的整合，联合一些平台进行相应的推广。六是可以考虑进入国外市场，学习其宝贵经验的同时也将中国的游戏推广出去。七是制造游戏周边产品，增加用户粘性，提升企业利润。赵婷[③]老师通过网络、电话和现场访谈的方式与 36 名《三国杀》爱好者进行了沟通，其年龄均在 18-31 岁之间。依据访谈内容，赵婷总结出了《三国杀》游戏盛行的几点原因：一是玩家可以在

---

① 吕智宇. 论“三国杀”在工商管理中的应用[J]. 城市建设理论研究（电子版），2011（35）：1-3.

② 孙昌卿. 游卡桌游公司发展问题研究——基于“三国杀”产品营销，中国人民大学工商管理硕士毕业论文，2011.

③ 赵婷. 浅析三国杀游戏盛行的心理根源[J]. 新课程·中旬，2013（6）：41-43.

游戏中实现自身价值；二是玩家在游戏中以相互合作的方式进行对抗，实现其与他人合作的需求；三是游戏符合一种从众的心理；四是玩家可以在这个过程中体验不同的角色；五是部分玩家将这款游戏当作情绪宣泄的途径。她也就《三国杀》游戏对于青少年造成的负面影响进行了探讨，一些玩家沉迷游戏，与现实中的朋友疏远；一些玩家过分地看重输赢，在游戏中存在不文明的现象。

姚政宏[①]老师探究了《三国杀》桌游对于人际关系的影响，并得出以下结论：首先，桌游小组内人员的关系在游戏过程中更加紧密。其次，《三国杀》这款桌游可以作为一个大学生群体活动的切入点，有效拉近学生之间的距离，让他们在大学校园中有更多的朋友。再次，《三国杀》桌游可以与其他的小组活动相结合，多元化的活动方式能够更加贴近学生的需求。最后，《三国杀》桌游小组的存在可以给学者提供一个青少年行为活动研究的途径。姚政宏指出：一方面，在青少年的社会工作中，可以在符合其价值目标的前提下，运用更加灵活的服务方式；另一方面，青少年社会服务可以更加贴近社会的流行趋势，切实调动起青少年参与的兴趣。

现代社会的发展给予青少年一个更加广阔的发展空间，也因此赋予他们更强的追求新奇事物的心理，传统的卡牌类游戏很难满足现阶段青少年的需求。游戏行业在发展的过程中，将精力集中在了受众群体的扩大和发展上，它们通过各种推广和传播的方式，力求淡化游戏在人群和年龄上的限制。吴浩[②]老师认为，《三国杀》游戏产生的灵感来源于《三国演义》，它在娱乐的同时传播了中国传统文化，这不仅增添了游戏的趣味性，也蕴含了更加深刻的文化内涵。开发者的目标也是将该游戏打造成更加益智的卡牌游戏，给青年人群提供一种新型的休闲娱乐方式，在调节生活之余也能有效释放工作压力。商业资本的进入促进了游戏产业的进一步发展，同时也增加了游戏中的消费群体。但是，负面影响也十

---

① 姚政宏. 三国杀小组影响大学生人际关系发展研究[J]. 社会工作与管理，2015（1）：16-20.

② 吴浩. “三国杀”游戏在青年中风靡的文化解码[J]. 青年探索，2011（2）：16-18.

分明显，很多游戏在开发时，只关注于吸引更多玩家，以获得更大的利润，而诱发很多青年玩家沉迷游戏，难以回归现实生活的问题，这对于游戏开发商而言，有如“竭泽而渔”，难以实现可持续的发展。游戏给青年人提供了一种放松娱乐的方式，但如果使之与现实脱轨，全心游戏，则可能对其未来发展造成不可估量的影响。因此，游戏的开发商和设计者也应当更深入地考虑游戏的发展方向和青年人的健康成长之间的关系，更加合理地规划游戏的发展模式，使得年轻人可以更好地协调娱乐和生活，实现健康发展。

互联网的快速发展带动了游戏产业的飞速进步，我们可以预见的是，我国的游戏行业仍然存在着巨大的开发潜力。王新梅①老师通过对网络游戏《三国杀》的研究，得出相关结论：第一，网络游戏也是一种商品，我们在开发和运营一款游戏时，首先要关注产品本身，包括质量、周期等。良好的产品质量是产品发展的基础；各种产品的合理搭配是扩大产品受众范围的关键，也是提高企业利润的关键；对于产品生命周期的清晰了解是产品保持竞争力的基础，只有通过调研和总结，清晰地了解产品的状况，才能赋予游戏更强的竞争力。第二，每一款商品都要找到适合产品本身的经营方式。从消费者的角度来看，他们希望以更少的金钱去获得更大的益处，这样一来，合理的经营模式就是在竞争中取胜的关键。开发者应当给予消费者更多样化的选择。第三，对于网游来说，营销方式的选取至关重要。传统的营销方式包括应用商店、网络营销、高校活动等，而随着科技的快速发展，它也给予了我们一些新的选择，包括新型的支付方式和传播途径等，以有效地满足玩家的多种需求，为他们提供更加便捷的游戏方式。第四，在产品的传播过程中，促销是一种必要的手段和方式。在竞争激烈的网游产业当中，想让更多玩家加入到《三国杀》游戏中来，首先要给他们提供一个体验的机会。广告促销的方式是比较常见且有效的一种，除了传统的广告牌等方式，网络新媒体的推广方式也逐渐兴起，包括网络电视剧的广告植入，微信公众号、微博

① 王新梅. 网络游戏的营销传播策略研究——以网游〈三国杀〉为例[D]. 武汉理工大学传播学硕士毕业论文，2012.

的推广等，传统媒体与新媒体的结合可以有效地增强产品的传播和发展力度。

《三国杀》这款游戏无论是桌游还是网游的形式，在学生中都有一定的受众。胡林珺[①]老师表示，对于大学生思想政治和历史文化的教育方式应当随着时代的发展不断创新，《三国杀》相关教学的引入，不仅可以为学生提供一种休闲娱乐的方式，也能有效地传播三国时期的历史文化知识，实现真正的寓教于乐。这种创新性的教学方式能够提升大学生的素质和文化水平，也可以引导学生在众多娱乐游戏中，选择基于历史文化背景的益智类游戏，同时，逐渐培养学生热爱历史文化，积极思考的习惯。

网络游戏产业中的传统游戏市场已经逐步饱和，以《三国杀》为代表的经典改编类的游戏逐渐进入人们的视野。周海帆[②]老师对于《三国杀》等益智类游戏能否真正地实现娱乐与教育相结合进行了探究，并得出以下结论：文化产品的不同之处就在于它与众不同的意识形态，每个读者都会对文本有不同的理解，而对游戏开发者来说，他们不应仅凭主观的理解去指引游戏的方向，更不能为了利益而抛弃中国的传统文化，很多游戏开发商以“三国”为噱头，而游戏内容中并没有蕴含三国的精神，只是很浅层地借鉴，甚至以低俗的内容吸引大众眼球，这样打着三国幌子却完全偏离原著的做法不利于游戏产业的发展。

---

① 胡林珺. 将桌游“三国杀”引入大学生教育工作的探索[J]. 郑州铁路职业技术学院学报，2012（3）：112-116.

② 周海帆. 游戏产业能否“寓教于乐”？——论桌游《三国杀》的社会教育意义[J]. 现代商业，2015（11）：275-276.

第二节
《三国志》《三国群英传》及其他游戏研究

游戏是对日常压力的大众反映的延伸，它对群体或个人的影响，是使群体或个人尚未如此延伸的部分实现重构。

——麦克卢汉

游戏产业与文学的差异很大，但却能够在文学的传播中起到一定的积极作用，二者之间并不是相互排斥的关系。《三国群英传》是一款以“三国”为题材的游戏，而它的出现则带领着数万的玩家迷上了《三国演义》。《三国群英传》能取得这样的成绩是有很多原因，陈刚[①]老师分析了游戏在传播《三国演义》中的积极作用。一是其中包含的历史人物，《三国群英传》借鉴了《三国演义》中的历史人物，并且赋予其不同的形象、特征、动作、语言等，使得玩家更加深刻地理解了《三国演义》中的人物，也引起了玩家对于三国人物的讨论，增强了他们对于原著的好奇心。二是历史环境的再现，《三国群英传》游戏背景运用的是三国的景色，水墨和山脉形成了隔绝地形的天然屏障，很清晰地呈现出了三国时期的壮丽景象。游戏中使用的武器、物品等都与三国历史联系紧密。三是加入了三国时期经典的历史故事，游戏中的任务和主线故事都来自于《三国演义》，故事在加入了人物、对话和背景音乐后，显得更加生动立体，具有很强的表现力和感染力。取自三国的历史故事大到“桃园三结义”“赔了夫人又折兵”等，小到“邓艾凤兮之对”等。陈刚老师表示，《三国演义》原著通过《三国群英传》而得以快速传播有以下几点原因：首先，丰富的历史情节对玩家的吸引；其次，休闲游戏的传播方式提供给玩家的是平等竞争的舞台、角色转换和团队合作的机会；最后，它也给予玩家一个彰显个性的游戏空间。陈刚谈道：传统历史文化名著可以通过更加灵活的方式进行传播，这样可以使得历史经典更容易被大众所接受和了解。像《三国群英传》这款游戏，通过时尚的网络游戏的方式传播了三国的历史文化，这不仅赋予了游戏更加深刻的内涵，也使得传统名著又一次走进大众视野。现阶段，古典名著与现代游戏的结合已经成为了一种新的时尚，在获得大众关注的同时，也传播了历史文化知识，这对于青少年来说也是有一定的益处的。综上所述，对《三国演义》传播方式、途径、原因的研究具有很重要的意义。

21 世纪网络技术的发展带动了《三国演义》在大众中的传播，网络

---

① 陈刚.《三国演义》在游戏中迅速传播的原因分析——以游戏《三国群英传》为例[J]. 佳木斯教育学院学报，2011（4）：351，354.

游戏也成为历史文学传播的重要途径之一。陈刚[①]老师研究了《三国群英传》在《三国演义》文本传播中的积极和消极作用：其积极的影响主要包括为大众普及三国的基本知识，对于文本传播途径的创新等；消极的影响则为部分情节扭曲，没有深刻挖掘小说的内涵等。

在传统文学的传播中，现代信息技术占有一席之地，在这之中，电脑游戏也给予了传统文学现代的精神。陈刚[②]老师对三国文化在电脑游戏中的传播和发展进行了研究，并得出以下结论：传统文学与游戏并非背道而驰，而可以紧密相关，它们之间存在一定的继承性。他以《三国群英传》为例，分析了其对于《三国演义》原文的继承和创新，研究了古典文学和网络游戏之间相辅相成、共同进步的状况。陈刚[③]还对《三国演义》的传统传播方式进行了探讨，包括影视剧和戏曲传播、文本传播以及网络传播方式等，并总结出电脑游戏是现代社会最为流行的传统文化传播方式，电脑游戏可以一定程度上带动传统文化的发展和传承。陈刚[④]还在其毕业论文中详细论述了《三国群英传》对于《三国演义》在背景故事、人物性格、表现方式等方面的创新。

1985 年，由日本光荣公司开发的《三国志》风靡一时，这款游戏传入中国后，引起了很大的反响，新阶段出现的以三国为背景的影视剧和网络游戏很多都运用的是《三国志》中的形象。日本的光荣公司在开发相关游戏的时候，包括《曹操传》《英杰传》等，都严格遵循中国历史的实际情况，这对于传播中国的历史文化和激发青少年对历史的兴趣有很大的积极意义。舒小坚[⑤]老师对于《三国志》在中国迅速传播的原因进行了总结和概括，认为主要包括以下四点：一是它严格参照中国的历史进

① 陈刚．基于《三国演义》在游戏中传播的利弊分析——以游戏《三国群英传》为例[J]．吉林广播电视大学学报，2011（6）：78-79.

② 陈刚．基于三国文化在 PC 游戏中的继承研究[J]．中国科技信息，2009（20）：152-153，157.

③ 陈刚．浅议 PC 游戏对《三国演义》的创新[J]．卫生职业教育，2011（3）：159.

④ 陈刚．三国演义文化在 PC 游戏中的传播初探[J]．卫生职业教育，2011（8）：158-159.

⑤ 舒小坚．《三国志》系列游戏传播启示[J]．当代传播，2011（4）：115-116.

行了还原，内部蕴含的深刻传统文化有利于其在中国的传播。例如，《三国志》在人物形象的设计上参考了中国古代的人物画像，在地理位置上采用了卫星扫描系统，在人名的设计上也参考了很多历史资料，力求做到精准。在人物性格和技能的设置上，参考了很多的历史文献，游戏里的物品和坐骑都有其历史出处，并附上详细的描述。这款游戏在各个方面都严格遵循我国的历史情况，无论是人物设置，还是情节、画面、背景音乐等都有据可寻，它不穿越、不架空，而是基于三国文化建立起整个游戏体系，这样深刻的历史内涵让游戏更加富有生命力，在激烈的游戏市场中更有竞争力，是游戏长盛不衰的重要原因之一。二是游戏中对符号的运用十分准确。在绘画的创作中，100 多名绘画大师参与了《三国志》游戏内元素的设计，其中不乏国际知名的插画师。在十一代《三国志》游戏中，人物肖像的绘画多达 800 余张，大多运用的是我国传统的水墨风格，每个人物画像都可以表现出人物的性格，曹操的威严、吕布的勇猛、赵云的英姿，形象十分传神，细微的表情也表现得很准确。在音乐的选择上，背景音乐均由国际著名的作曲家原创，交响乐队演奏而成。从第五代《三国志》开始，大多运用交响乐来担当背景音乐，并附以中国的传统乐器，气势恢弘又不失婉约，与其游戏画面和游戏剧情完美地融合到一起，其音乐上达到的境界很难被超越。三是其将名著中的语言变成了年轻人更容易理解的语言模式。《三国志》游戏将小说中出现的计谋运用到了游戏当中，当玩家技能达到一定水平时，则可以在战争中运用一些计谋，其技能水平则可以通过技能书学习或者锻炼而得以提升。四是其能够准确地把握我国文化的特色，并将其引入到游戏当中。《三国志》游戏中并没有照搬比较先进的西方游戏形式，而是大量运用了东方的元素，例如在游戏中加入了家庭系统，展现了东方文化中的价值观念。舒小坚对于《三国志》成功传播的原因进行了总结：首先，游戏这种传播方式十分受重视；其次，传统的历史文化在游戏中被还原和传播；另外，游戏语言和背景音乐的运用也十分考究。

现代游戏产业的竞争十分激烈，想要吸引更多玩家，美术环节是重要的一部分，华丽的造型和炫酷的装备都需要经过精心的设计。然而外表的华丽只能吸引眼球，想要实现游戏的持续性发展，新型的游戏模式和独特的故事情节必不可少。游戏行业的迅速发展，各种类型的游戏层出不穷，使得玩家对游戏情节和操作模式十分熟悉。对此，高志明[①]老师以三国类游戏为例进行了探究，他认为基于《三国演义》的网络游戏，都以三国相争为背景，游戏中出现的人物也是我们所熟知的三国中的英雄豪杰，这样具有限制性的题材使得游戏很难做到与众不同。因此，在创作相关的游戏时，如何在依据历史的基础上做到题材的新颖、模式的创新是值得我们思考的问题。

《三国演义》作为我国的四大名著之一，其中的经典形象被人们熟知，重要角色的性格在人们心中也已经根深蒂固。他们所代表的是一种符合我国价值观的忠义形象，这样的形象在文学作品的传播中不断被加固。而当历史文学与网络游戏相结合的时候，这些角色以一种全新的方式进入人们的视野，这种具有创新性的传播方式令人耳目一新。郑磊[②]老师认为，我国传播方式的革新不仅扩大了传播的范围、加快了传播速度，还改变了文学名著本身的内涵和各个角色的意义。我们可以从以下两个方面去分析角色意义的变化：首先，游戏中的主体不是游戏本身而是玩家，玩家选择一款游戏是希望从中获得一种成就感。因此，在游戏的设计中，我们需要给玩家提供“胜利”和“成功”的机会。正是这样，我国传统的仁义忠诚的文化不再是游戏中最主要的精神，取而代之的是英雄主义，它将成为游戏体系的核心。其次，话语权的转移也是游戏与众不同的一部分。在《三国演义》中，主线剧情是由文中的主角，即宣扬仁义忠诚的人物所传递的，读者在阅读的过程中只能被动地接受文章所表达的思想。而网络游戏与之不同，每个玩家都是参与者，他的一系列操作可以改变剧情的发展方向，这种话语权的转移增强了玩家的参与感，而这种参与感是阅读所不具备的。网络游戏在确定主线和重大情节的基础上，给予玩家一定的发挥空间，也就是说并非所有玩家都会获得相同的游戏结局，未知的剧情发展方向更能激发玩家的兴趣，也给予他们身临其境

① 高志明. 穿越与现实——经典文学著作改编网络游戏剧本的传承和突破[J]. 中国信息化，2013（14）：473.

② 郑磊. 角色、意义与传播——以网络游戏传播中的《三国演义》角色变迁为例[J]. 文艺生活·文海艺苑，2010（8）：155-157.

的感受。

为何很多游戏的开发都基于《三国演义》这部文学著作？陈超[①]老师对于“三国”题材的可开发性进行了一定的分析。现如今，越来越多的游戏基于《三国演义》进行创造和开发，借助“三国”的噱头去吸引玩家眼球。研究发现，“三国时代”符合以下几个游戏要素：首先，混乱的历史背景更能体现人物的英雄主义，这让每个玩家都有担当主角的感受；其次，原著对于人物的性格有极为清晰的描述，这为游戏人物的塑造减轻了压力；最后，三国时期在我国历史发展中起着承前启后的作用，这样一来，其发挥空间很大。同样是基于《三国演义》原文进行游戏的开发，开发者选择的创作方式却差别较大，包含了多种类型的游戏，如角色扮演、卡牌、策略游戏，等等；创作风格也多种多样，以下两种风格较为突出。一类是对于传统的文学进行改造，他们仅仅将名著作为一个提取要素的来源，而游戏内容和故事情节则与原著相背离，在体现开发者的创造性的同时，也表达了其对于经典的质疑。另一类则意在通过该题材反映其价值观念。这类游戏基本保留了原文中的故事情节、人物特征等，而更改了部分细节，保证其与它想要传递的价值观念相一致。通过相关的分析，陈超表示：网络游戏作为一种流行的文化传播方式，具有兼容并蓄的特征，它包含着各种各样的元素，其中有精华也有糟粕；网络游戏在传播经典历史文化的过程中，也对其进行了改造和融合，它需要迎合消费者的需求，以一种更加容易接受的表达方式走进大众的生活。它们将传统文化与现代精神结合在一起，尽可能地忠于原著，也力求在此基础上做到推陈出新，有与众不同之处。基于三国背景的游戏体现出来的文化根基更加明显，其创造性也更加多样化，这也是这类游戏经久不衰的原因。

吴小玲[②]老师探讨了网络游戏改写三国历史的问题，她认为：首先，很多游戏意在消费历史而非传播历史，它们很大程度上改编了历史人物

---

① 陈超. 论经典文本网络游戏的文化呈现[J]. 新闻爱好者（下半月），2009（10）：126-129.

② 吴小玲. 网络游戏对古典作品的重构——以《吞食天地 Online》和《三国策 Online》为例[J]. 当代传播，2005（2）：75-77.

的经历和性格，甚至加入了一些低俗的元素，这样的做法仅仅是为了吸引眼球和增加收益；其次，大部分三国类游戏为了延长玩家的游戏体验时间，其叙事不紧凑，剧情与剧情之间衔接不恰当，用户体验感受并不好；再次，对部分人物符号也进行了很大的调整，没有做到忠于原著。她还对网络游戏改写三国历史的原因进行了总结：首先，网络游戏这种娱乐形式与原著有着不同的需求，玩家不再只是被动接受情节，而要更多地参与到游戏中来；其次，网络游戏的本质是娱乐消遣的一种方式，让玩家能够在游戏中获得放松；再次，游戏中的消费者人群是开发者获得利润的关键，因此，在游戏的设计中需要考虑到这部分人的需求。网络游戏对于传统历史文化的更改是否会对游戏者的感受有影响？吴小玲认为：首先，与原著不同，玩家取代了《三国演义》中的主角，在游戏中占据主体地位，这样不仅可以满足玩家所期待的在游戏中获得的成就感，也能够减轻其在现实中的压力。其次，网络游戏给予参与者更大的发挥空间，除了主线剧情以外，其他的游戏环节会因为玩家的操作而有不同的结果，这不仅增强了游戏的趣味性，也增加了玩家参与其中的感受，使其能够沉浸在游戏中，切身体会三国的历史文化，这种感受与阅读带来的被动接受有很大的不同。

以名著为基础的网络游戏发展速度飞快，陈美珍①老师对此进行了分析和探讨，她认为文学与游戏的结合使得人们对于名著有了不同的理解，游戏中的发挥空间割裂了人们对于历史的了解，碎片化的历史情节并不能有效地传递我国经典名著的内涵。很多游戏为了吸引玩家，情节上有很大的更改和变动，这种变动很可能带来玩家对于历史的错误理解，即使没有情节上的篡改和编造，名著也只能被浅薄地传达给用户，而失去了其本来的内在精神。与此同时，它所包含的我国传统文化也会被创作者更改。因此，她表示，二者不恰当的结合表面上传递了我国的历史文化，实则导致了经典名著的沉沦。

① 陈美珍．再生或沉沦：当文学名著遭遇电子游戏——以《三国演义》为例[C]．2007年全国博士生学术论坛——中国语言文学论文集，2007(7)：215-219.

第四章

三国相关旅游研究

第一节

四川在三国旅游业中的地位、现状及发展

《三国演义大词典》中，全国的三国遗迹和纪念地编写了355个条目，其中与蜀汉人物、故事相关的有212条。

三国遗迹和纪念地遍及全国14个省，其中四川的三国遗迹和纪念地无论从史籍记载，还是从文物保护单位的数目看，又当名列各省之首。

——谭良啸

四川省在三国旅游产业中的占比较大，相关的三国旅游资源丰富，其中的蜀汉文化更是特色突出。吕一飞[①]老师认为，四川省在进行旅游业的开发和振兴过程中，应当有重点可寻，比如将极具特色的蜀汉文化作为旅游主打品牌，积极申请文化遗产，建立精品旅游项目等。值得一提的是，吕一飞老师的《四川三国文化旅游开发的战略思考》这篇文章，对四川地区大部分三国文化遗址、遗迹文化资源的把握和旅游开发的定位既宏观又精准（当然这其中也有方北辰老师提供的思路）。直到十一年后的今天，在我们通过调研四川三国文化遗址、遗迹来探讨文化旅游的开发策略时，这篇文章仍然具有借鉴和指导意义。

四川三国文化面向东南亚市场的旅游开发策略是张倩霞、刘莉、黄华宪、余露璐[②]四位老师着重探讨的问题。《三国演义》等相关文学作品在整个东南亚地区乃至国际上都广为流传，颇受欢迎，但是以三国为主题的东南亚入境旅游在旅游市场上所占的份额一直不大，热度也一直不高。可见，在四川三国旅游相关宣传、推广甚至旅游项目的设计中，并没有对这一群体游客的消费习惯及其对三国的特殊情感予以充分考虑。四位老师分析了开发面向东南亚的四川三国文化旅游的有利条件，提出了开发策略和建议，这其中，几位老师提到了线路、产品、宣传、“一带一路”等系列问题。笔者以为，这之中最重要的两点是针对性和开放性。孙璐[③]老师提出，为乘借近年来外国友人入华旅游的潮流，打开韩国、日本地等的游客市场，可以打造符合日韩认知、审美以及消费方式的旅游路线，并根据不同群体的需求增设不同的旅游参与环节，从而刺激消费，振兴三国文化旅游业。另外，周培[④]老师强调，随着国内旅游业的蓬勃发

① 吕一飞. 四川三国文化旅游开发的战略思考[J]. 成都大学学报：社科版，2006（6）：73-80.

② 张倩霞，刘莉，黄华宪，余露璐. 面向东南亚市场的四川三国文化旅游开发策略研究[J]. 成都大学学报：社会科学版，2016（2）：44-48.

③ 孙璐. 旅游者行为特征与区域旅游产品开发研究——以四川省“三国文化旅游线路”日韩旅游市场调查为例[D]. 四川师范大学旅游管理硕士学位论文，2009：22-26.

④ 周培. 四川三国文化旅游企业服务利润链分析及研究[J]. 技术与市场，2016（7）：321-322.

展，消费者对旅游业的服务升级提出了越来越高的要求，三国文化遗迹相关旅游线路、景点设计衔接等方面还有待进一步提高。周培、周颖①两位老师还特别谈到了旅游景点服务质量评价体系的建立与升级，要发挥其监督和提高业界服务水平的作用，促进旅游业的可持续发展。

武侯区是成都三国旅游品牌的一块招牌，当前，武侯区的发展正处于一个较佳的时期：有政府的重视，有经济转型的大机遇，还有消费群体对精神文化建设的强烈需求。但同时又面临一系列问题，如旅游产业缺乏品牌意识，对传统文化的发掘及发扬不够，各方面不均衡发展导致的地区协调性有待加强等。谢嵩、贾天保②两位老师认为，武侯区的发展需注意从唤醒民族意识、加强文化输出和传播、积极应对城市转型等方面展开。具体如下：首先，城市的人文历史就是一座城市的灵魂，无论时代如何发展变革，成都的发展都应基于其已有的历史背景，在越来越注重特色旅游的今天，应当挖掘城市的历史底蕴，带动整个区域的发展。其次，对三国文化的推动需进一步加强，进一步落实相关的鼓励政策；同时对于诸如三国文化产业中的一些中小企业在发展中遇到的生存难题，应有相应的机制加以指导帮助；对民间的一些文化野史研究机构以及相关产业也应当予以重视，鼓励其向积极的方向发展，既要体现社会对文化的尊重，也要注重对文化的包容。最后，要树立的不光是本地区的旅游品牌，更要将品牌意识传递给大众，同时注重对社会上人文气息的营造。针对不同区域，可以有针对性地分布不同形式的主题和项目以达到使整个城市旅游多样化的效果。

成都是三国文化圣地，作为三国时期蜀汉的都城，其在三国文化中的地位十分重要。罗开玉③老师指出，在对成都进行城市发展规划时，应该充分考虑成都在三国文化中的独特性和地域性。蒋英④老师从饮食入

---

① 周培，周颖. 四川三国文化旅游景点服务质量评价体系的构建[J]. 学术论坛，2015（8）：187-189.

② 谢嵩，贾天保. 浅论武侯区打造三国文化名片与统筹三国旅游的意义与方法[J]. 中共成都市委党校学报，2016（5）：86-89.

③ 罗开玉. 成都城市品牌与“三国圣地”研究[J]. 四川文物，2003（4）：8-12.

④ 蒋英. 成都饮食文化旅游探析——以三国文化元素为例[J]. 中共成都市委党校学报，2013（1）：64-69.

手，探究如何将三国文化与成都的地域文化以及丰富的饮食特色等城市品牌有机联系起来，包装出不一样的三国圣地，树立成都独特的具有地域性的三国圣地标签。两位老师所撰文的时期，正是以锦里为代表的成都三国文化产业蓬勃发展的时期，这样的研究促进了文化产业的发展和对其的经验总结。唐勇、刘妍、刘娜①、蔡丽媛②四位老师认为，锦里民俗文化街具有主题明确，管理模式规范，建筑物及装饰的设计风格依托当地历史民俗等优势，是文化旅游开发的一个较为成功的案例。

在谈到成都武侯祠博物馆时，王冠玲③、炎钧、马爱萍④三位老师指出，当下的旅游业是以体验经济为背景的，想要在发展上有所突破，就必须注重体验属性和营销策略，应当将体验型旅游引入博物馆的参观旅游项目中，提高游客的参与度，着力打造精品项目，这就需要对旅游产品进行一定的场景设计。谢辉和梅铮铮⑤两位老师以孔明苑为例，对博物馆的陈列作出了从内容到方式效果的新阐释。值得一提的是，虽然这篇文章发表于十年之前，但其中提到的在博物馆教育过程中使用的 VR、AI 等智慧辅助手段，目前正空前火爆，可见作者对于陈列手段的思考非常具有前瞻性。

除成都以外，四川省其他地区有关三国的旅游资源也分布广泛。王方⑥老师注意到四川德阳在旅游资源方面具有较强的先天优势，但是策略、管理上的原因，使得德阳的年旅游收入接连下滑，德阳应该借鉴成

---

① 唐勇，刘妍，刘娜．成都锦里民俗文化旅游资源整合开发研究[J]．成都理工大学学报：社会科学版，2006（9）：76-70.

② 蔡丽媛．民居、民俗、商业[J]．大众文艺：理论，2009（1）：131.

③ 王冠玲．博物馆体验型旅游产品开发研究——以成都武侯祠博物馆为例[D]．成都理工大学第四纪地质学硕士学位论文，2007：37-41.

④ 炎钧，马爱萍．基于营销理论的成都武侯祠景区营销研究[J]．中国市场，2015（19）：12-13.

⑤ 谢辉，梅铮铮．孔明苑——博物馆陈列新尝试[J]．成都大学学报：哲学社会科学版，2007（6）：1-10.

⑥ 王方．借鉴成都经验 开发德阳旅游资源[J]．成都大学学报：社科版，2011（6）：50-52.

都市在旅游发展上的优秀经验。杨得富[①]老师提出充分利用绵阳丰富的三国旅游资源，对当地的三国遗址、遗迹进行打造，带动整座城市的建设。沈伯俊[②]老师指出开发三江旅游应以“三国”为主题，其中提到的走联合开发之路、将三国景点与其他旅游项目“拼盘式”组合等建议令人们印象深刻。在对旅游景观的设计研究中，周倩[③]老师以罗江县的葫芦岛景观设计作为实例，指出对景观设计进行分析研究能够使设计者更加了解顾客感受和景区文化内涵，同时也能为确定设计思路提供一定的理论支撑。鲍蕊，邹洪伟[④]两位老师认为，罗江县的旅游业发展既受到四川省旅游业整体水平提升的促进，同时也由于武侯祠、锦里民俗街等特色旅游的发展而相形见绌，陷入一种特色不够突出、品牌不够鲜明的尴尬境地，罗江县要想摆脱这样一种处境，就必须软、硬件齐头并进，完善硬件设施，加强旅游品牌的树立和对创意旅游项目的开发。

古蜀道贯穿四川和陕西，是两千多年来川陕的交通要道，沿线风景险峻壮丽，加之三国故事在这里留下了很多传说，使得古蜀道集军事、文化等方面的旅游价值于一身。冯明义、唐光辉、李巧义、邓小兰、林永坚[⑤]五位老师指出，在交通工具趋于多样化的今天，应当挖掘古蜀道的旅游潜质，从而维持古蜀道沿线的经济增长趋势。同时，古蜀道是川陕在经济、文化发展中的纽带，从古蜀道生发出的三国文化也是川陕旅游可以打造的一大主题，沈伯俊[⑥]老师对打造川陕三国文化旅游精品线提出了七点建议。

---

① 杨得富. 三国文化打造绵阳城建[J]. 四川建筑，2005（9）：41-42.

② 沈伯俊. 开发“三国文化之旅”的几个问题[J]. 中华文化论坛，2003（2）：111-113.

③ 周倩. 三国文化在旅游景观设计中的应用研究[D]. 四川农业大学建筑与土木工程硕士学位论文，2005：5-7.

④ 鲍蕊，邹洪伟. 罗江县文化旅游产品开发析论[J]. 绵阳师范学院学报，2011（10）：24-24.

⑤ 冯明义，等. 古蜀道旅游价值研究[J]. 西华师范大学学报：自然科学版，2007（12）：361-364.

⑥ 沈伯俊. 努力打造川陕三国文化旅游精品线[J]. 中华文化论坛，2007（4）：74-78.

陈景珂[①]老师考查了位于剑阁县宝龙山的森林公园，此公园通过对剑阁县已有的建筑、相应的地域特色以及历史影响力进行考查，将这些元素纳入公园的设计规划中，修建了富于三国文化特色的森林公园。

除了自然风景及历史遗迹外，三国人物题材也应该纳入到旅游资源规划中，岳嵩[②]老师关注以“五虎上将”为主题的旅游产品，认为在对其进行荧幕改编或是艺术品塑造时，透过人物神态、服装以及一些动态举止来展现五虎上将的性格特征，不失为开发旅游资源的又一途径。

---

① 陈景珂．论蜀汉文化在规划设计中的运用——以剑阁县宝龙山森林公园规划设计为例[D]．西南科技大学硕士学位论文，2014：15-17.

② 岳嵩．人物造型在旅游产品中的设计——以三国五虎上将为例[J]．芒种，2005（8）：141-142.

第二节

湖北在三国旅游业中的地位、现状及发展

正是在这个时期，以襄阳为中心的汉水流域成为各个政治军事集团关注之地，并逐步成为三国文化的核心区之一。

三分鼎立，规划于隆中；三国肇基，得力于夏口；三国终结，策动于襄阳；三国文化，汉水为重。

——沈伯俊

在经济社会快速发展的今天，文化软实力成为众多评价指标中较为鲜明的一个，它是一个区域文化底蕴内涵的体现，也是一个区域发展潜力的体现，更是一个区域的灵魂和精髓。湖北省是除四川省以外的另一个三国文化资源大省，这一点在历史名著《三国演义》中就能看出：曾有统计指出，在120回的小说中，有将近80回的故事发生在湖北，赤壁之战更是众所周知的经典，由此可见湖北省在三国文化方面得天独厚的优势。三国文化与湖北省地域文化存在着血脉联系，在地域特性、风土人情塑造过程中起着不可或缺的作用。王礼刚[①,②]老师认为，湖北省完全可以将三国文化资源作为自身文化软实力发展的重要项目。近年来，湖北省在对三国旅游资源进行开发整合的过程中，发现了一系列问题，例如遗迹景点分布不集中，区域间的合作又相对欠缺，对旅游项目的建设投入和监管力度不够等。湖北省应当重视自身在三国文化资源中的先天优势，加大对这一文化遗产各方面的投入力度，努力将本省的三国旅游品牌打造成国内一流的水准。刘晓慧[③]、何风云[④]老师指出，湖北省也在做各方面的尝试，例如提出的"湖北三峡城市群"，旨在统筹安排湖北省三市一州一区的规划事业，以这些地区丰富的历史文化为基础，以着力打造"三国文化之乡"为目标，进行城市群的建设。

在城市群建设方面，需要考虑到区域间的合作以及旅游品牌的共建，王前程[⑤]和王乃举[⑥]两位老师都十分关注这一方面。王乃举在其硕士毕业论文中对此进行了一定的研究，他对在三国文化旅游资源的开发过程中，

---

① 王礼刚．三国文化与湖北提升文化软实力研究[J]．第三届湖北省青年学者论坛论文集，2012（6）：276-282.

② 王礼刚．三国文化在湖北提升文化软实力中的作用[J]．湖北理学院学报，2012（10）：15-19.

③ 刘晓慧．湖北省三国文化景点建设与旅游发展[J]．湖北第二师范学院学报，2015（6）：73-76.

④ 何风云．文化遗产的旅游价值评估及开发策略——以湖北省三国文化遗产为例[D]．湖北大学旅游管理硕士学位论文，2007：3-5.

⑤ 王前程．悠久的历史渊源，独特的地域文化——简论"湖北三峡城市群"的文化资源及其价值[J]．三峡大学学报：人文社会科学版，2014（11）：1-5.

⑥ 王乃举．基于旅游竞合关系的跨区域旅游品牌共建研究——以湖北三国文化旅游为例[J]．华中师范大学旅游管理硕士学位论文，2007：33-36.

进行跨区域品牌建设的一些基本条件进行了分析，然后以相关理论为依据，对湖北省作为独立个体的特殊性进行了研究，最后他对国家层面旅游品牌的共建提出了自己的实施意见，主要体现在四个方面：首先，对相邻区域品牌进行互联；然后，完善全省的区域品牌共建；其次，对全国的旅游品牌进行共建；最后，建立完善合理的跨区域品牌共建体系。王乃举①老师意识到，这一系列意见的实施需要有一定的前提。首先，要避免各区域之间的相互约束，消除一些不必要的人为干扰；其次，要想实现群建，必须缩短各区域之间的周转时间，这不光对区域之间的交通建设提出了较高要求，还需要对旅游线路进行详细合理的规划；在对区域文化进行品牌塑造时还要达到一定的区域认同度。符合以上条件才能够顺利构建群建体系。付浩②老师对此也有研究，他认为，目前湖北省各区域的三国文化资源不集中，并且在管理上各自为政，各个区域之间的联动效果很差，要想建立一个稳定发展的旅游产业，就必须考虑全面构建区域文化旅游产业之间的联结。同时，他以荆襄宜、荆鄂黄和荆渝蓉为例，针对区域开发提出了一些建议，如区域互进、完善交通线路、重点打造区域品牌以及建立区域合作的共享机制等。

旅游业的可持续发展需要以一定的文化资源为基石，湖北省的旅游业拥有历史赋予它的天然优势，即三国文化资源。袁红③老师对湖北三国文化旅游作了思考，认为湖北省发展与旅游业相关的交通、基础设施等都不是问题，主要问题出在对游客资源的开发力度不够、市场优势的形成较为滞后、文化资源相关的产品开发难度较大等方面。但是湖北省政府一直在不断克服困难，为湖北省三国文化旅游的发展而不懈努力。首先是在对三大古城区（襄阳古城区、荆州古城区和鄂吴王古城区）的着力打造上，充分利用天然资源以及区位优势；其次是赤壁古战场的建设已经初见成效，这是湖北省重点投入 3 亿多人民币的项目，整个项目不

---

① 王乃举. 跨区域旅游品牌共建的可行性研究——以湖北三国文化旅游为例[J]. 重庆三峡学院学报，2010（4）：61-64.

② 付浩. 关于建设区域文化旅游线路的新构想——以湖北三国文化资源开发为例[J]. 今日湖北，2014（7）：51-52.

③ 袁红. 对湖北三国文化旅游的思考[J]. 旅游发展，2010（1）：90-92.

仅对原始景区进行了改造，还对配套服务设施进行了升级，后续也会持续升级，以打造5A级景区为最终目标；另外，旅游局对这方面的宣传力度也大为加强，各种有针对性的推广活动层出不穷。

除了上述配套设施建设、品牌打造、跨区域品牌共建等建设性意见外，关于湖北省文化产业的发展这一问题，张军、栾建伟、尚艳①、袁俊②等几位老师还提出，节庆活动也可以作为凸显旅游胜地文化特色的一种载体。他们认为，节庆活动较好地浓缩了地方文化的精髓，节庆活动的传承是文化历史的一种传承，同时在市场经济这一时代背景下，通过节庆活动的申办，能够将文化与经济相融合，通过地方文化的振兴促进地方经济的快速发展，是一种较好的实现三国旅游业可持续发展的策略。三国资源属于隐性文化遗产，湖北作为三国文化资源大省，完全具备这方面的发展潜质，政府完全可以通过文化建设带动周边产业，促进整体经济的发展。

文化旅游业的发展以及传播涉及旅游翻译，目前已有的旅游翻译方式有多种，如直译、仿拟、音译以及替换等。田传茂③老师强调，作为一种文化传播的途径，旅游翻译的重要性不容小觑，相关工作人员不仅要能够灵活运用各种翻译方法，还要考虑到翻译效果以及中西方文化差异之间的平衡和处理方式，在保证传达正确含义的同时最好能够富于诗意和美感，尽量能让游客耳目一新、印象深刻。除了旅游翻译，姜维④老师还对旅游英语教学改革与本土文化的结合进行了相应的分析，认为旅游英语教育应当与当地文化旅游事业的发展相结合，为当地旅游发展培养专业性人才，尤其是培养一线工作人员。这需要将英语基础教育渗透到本土文化中，围绕旅游业的需求，对教材、实践基地、教师队伍以及校

① 张军，栾建伟，尚艳. 楚文化、三国文化与湖北文化产业资源开发刍议[J]. 湖北经济学院学报，2007（7）：120-123.

② 袁俊. 湖北隐性三国文化遗产再文化策略探析[C]. 区域旅游合作与发展国际论坛文集，2006：373-381.

③ 田传茂. 以湖北三国景点为例谈文化旅游翻译[J]. 中国科技翻译，2010（8）：42-44.

④ 姜维. 浅析本土文化与旅游英语教学改革相结合——以鄂州“三国文化”为例[J]. 考试周刊，2014（79）：13.

企合作等多方面进行重点改革。

发展旅游业不仅是带动经济、宣传文化的途径，也是推广各地美食的一种手段。美食同文化具有共同性，一个地方的文化和美食都蕴藏着这个地方历史沉淀下来的精髓。贺习耀[①]老师就对三国文化宴的设计进行了规划，对相关问题以及经典案例进行了研究和剖析，旨在为宴席设计者提供设计思路和灵感，为湖北精品美食的打造以及三国餐饮文化的弘扬提供支持。

在国家对文化产业的发展日益重视、湖北省对三国旅游产业大力投入与扶持这样一个大背景下，荆州面临着旅游业发展的大好时机。王松青[②]老师指出，荆州具有丰富的与三国相关的历史资源，留存下来的三国遗迹具有代表性，传承下来的三国饮食也很有特色，可以通过旅游业建设将荆州打造成一个三国文化之乡。目前，荆州市在建设三国文化之乡的道路上迎来了不少的发展机遇，具体如下：首先是整个国家目前飘扬着文化振兴的旗帜，这意味着，地方文化产业的建设将受到来自政府的重视和一定程度上的政策支持，甚至还能够搭乘顺风车；其次是国家对中部崛起的战略发展部署，改革开放以来，东部地区的经济迅猛发展，带动了各方面的进步，而中部地区的发展相对迟缓，甚至有些困难，近年来，国家对中西部地区的经济发展逐渐重视起来，中部地区在文化、教育、经济等方面的发展将会得到更多的政策扶持，这意味着荆州市的发展将有积极的时代背景作为支撑；另外，在社会主义精神文明建设的推动下，以四川、湖北、河南等为首的三国文化大省大力发掘、整顿三国文化旅游产业，湖北省更是强力推出一系列发展规划，通过实际行动力争改进本区域三国文化旅游产业中存在的一些问题，推出布局更加合理、更具经济效益及文化传播效力的旅游品牌。在分析了荆州市的旅游发展机遇后，王松青老师还提出了着力打造三国文化之乡的一些具体措施：第一，联合中部地区的其他省份，搭建区域间合作的桥梁，加强区域间的协作，经验共享，互通有无，联合开发跨区域旅游长线；第二，

---

① 贺习耀．湖北三国文化宴设计探析[J]．武汉商学院学报，2015（8）：94-96.

② 王松青．荆州打造三国文化之乡的途径探讨[J]．百业论坛，2012（5）：143-147.

湖北省内部各区域的旅游景点分散，很多资源间没有相互利用，互利互惠，要加强省内各区域之间的合作，如推出省内旅游环线等；第三，对荆州市的旅游资源进行整合，通过资源整合及改造，规划出荆州市的三国旅游精品线路，可以考虑将荆州市的旅游景点作为上述旅游长线、环线中的特色景点进行着力打造；第四，对荆州市的城市建设加以完善，提升整个城市的基建水平后，加强对旅游景点管理体制的完善；第五，继续保持对关公文化节相关活动的高度责任感。

余雷[①]、李晓波[②]两位老师在对荆州三国文化进行研究的过程中发现，在荆州，以三国旅游资源为背景的相关旅游开发虽然已经积累了一定的业绩，但与这些文化资源的历史地位、教育意义相比，仍然有些不相称，很多旅游资源没有得到充分的开发，还有很多景点年久失修，需要维护，基础设施建设也比较落后，而且荆州的这些旅游资源之间连贯性较差，相关的主导景点建筑有所缺失。由于三国文化在老百姓心中比较形象，因此，在景点的建设过程中，要想达到之后门庭若市的旅游观赏效果，那么整体设计就应当要能够抓住游客的眼球，充分满足当今游客的猎奇心理。王小宏[③]老师在文化街区的保护研究中，对荆州市三义街进行了分析。整体来看，三义街保存完好，用地主要以民宅为主，临街以个体商店居多；整条街的道路狭窄，质量一般，没有合理的排水设计和垃圾存放设施，通过检查，发现消防等设施也不达标，总之，现状不够好，需要通过一定的机制进行有条理的整改。同时，在整改过程中还要注重对三义街的保护，通过整改和保护，改善三义街整个街区的生态环境与人文居住环境，同时通过品牌打造使其自身的历史价值得以显现，从而提高其旅游价值。

张玲[④]老师从塑造旅游形象、设计旅游产品到配套的营销策略制定等

① 余雷. 荆州文化遗产与文化旅游[D]. 武汉：华中师范大学，2011：27-30.

② 李晓波. 荆州文化旅游发展的思考[J]. 经济研究导刊，2009(31)：148-148.

③ 王小宏. 浅谈历史文化街区保护规划与研究——以荆州市三义街历史文化街区为例[J]. 青年文学家，2015：186-187.

④ 张玲. 荆州历史文化名城旅游开发的策略研究[J]. 中国商贸，2010(16)：165-166.

方面入手，对荆州文化旅游事业的发展进行了一系列研究。首先，由于荆州市是家喻户晓的历史文化名城，拥有悠久、深厚的历史背景和文化底蕴，因此，对于荆州市的旅游定位，应着重于历史名城，打造城市标志性烙印，加强文化传播；其次，加强线路设计、景区设计、纪念品设计等旅游产品的设计，既要以历史背景为基础，又要以当下流行元素为辅助，还要以市场需求、消费群体的类型为依据。产品开发的核心是观光旅游，重点是历史文化的熏陶。目前较为成功的旅游产品有：古城环墙游、水上环城游等。黄辉[①]老师认为，一个城市的定位严重影响着城市的发展，仅仅以历史文化名城、三国之乡等来对荆州进行定位，存在一定的片面性，使荆州的发展道路显得过于单一，并且忽视了如楚文化之类的其他著名历史文化，因此，荆州的发展定位应以诸如荆楚荟萃、三国之乡这样的主题进行全面的打造。周丹[②]老师在楚文化旅游资源方面作了研究，她认为楚文化在旅游业的开发中具有一定的发展优势：首先是生态旅游圈的打造较为成功，如神农架、十堰等；其次是荆州楚文化的变迁史十分丰富，涉及人类起源文化、少数民族自治州的发展以及一些近现代工程等；最后是开发以荆州楚文化为背景的生态旅游圈有一系列的联动优势。王虹[③]老师以荆州市的桑果文化步行街为例对步行街的规划设计进行了一定的探讨，认为步行街的规划应该突出三国文化，并且以古玩为重点，将步行街的布局划分为休闲区（如茶楼、戏院等）、古玩字画鉴赏区及观光区等。通过一种被称为“一街两道”的道路系统将街道两旁的各个院落进行联结，实现功能共享和串联。建筑风格上遵循历史特色，装饰布局以古朴、大气等为主要特征，打造富于文化气息的步行街。在荆州市旅游产品开发方面，卢小琴[④]老师也提出了一些探讨性见解。她认为，随着整个社会文化水平的不断提高，人们对于观光旅游也提出

① 黄辉．荆州古城城市形象定位思考[J]．安康学院学报，2010（10）：91-93.

② 周丹．试论荆州楚文化旅游资源的比较优势——基于鄂西生态文化旅游圈的视角[J]．商场现代化，2012：70-71.

③ 王虹．荆州市三国文化步行街规划设计探讨[J]．规划师，2008（7）：63-66.

④ 卢小琴．荆州文化旅游产品开发初探[J]．长江大学学报：自然科学版，2012（9）：18-20.

了更高的要求，已经不满足于传统的一些旅游类型了，因此必须开发新的旅游形式。

刘勇①老师对荆州的多元化旅游资源进行了分析，认为其多元化主要体现在以下几个方面：三国历史资源丰富、楚文化源远流长、古城历史悠久、文化保存完好、水利工程成就显著。目前荆州的历史文化发展现状是湖北省整体发展现状的缩影，存在着景点分布较为分散、古迹破坏严重、修复工作力度不够、旅游形象不佳等问题，并且没有充分发挥古文化的作用。在对荆州文化资源进行整合时，应当突出荆州特色，不落俗套，积极发展属于荆州的节庆活动，加强与其他区域的旅游合作。方微②老师在对荆门市的旅游发展进行研究的过程中也提到过相似的观点。卢洋③老师从另一个视角审视了荆州的旅游资源开发，以洪湖市的乌林作为研究对象，进行了生态旅游的研究，发现洪湖市将人文旅游和生态旅游完美融合，对于三国时期具有洪湖特色的水产品和民俗工艺品进行开发打造，并在旅游业的战略发展中将乌林与赤壁的旅游业跨区域合作提上日程，通过旅游精品的共建实现共赢。赤壁作为国家4A级旅游景点，其管理模式和经验值得荆州学习和借鉴，当然赤壁近年来的发展也需要有新机遇、新目标才能更上一层楼，彭雯④老师对此提出了一些建议和策略。叶值、靳进⑤两位老师对襄阳的三国历史进行了全面的剖析，首先罗列了襄阳地区与三国文化有关的经典内容，如龟山、马穴山、走马冈等；其次介绍了襄阳地区三国历史的特点，如不同于武汉其他地方，襄阳的相关遗址较为集中，且几乎每一处遗址都有较为经典的历史故事广为传颂，能够极大限度地为旅游开发和宣传作贡献；另外，在对历史文化的

① 刘勇．荆州文化旅游资源的多元性特征分析与整合研究[J]．科技资源，2008（23）：248.

② 方微．荆门市文化旅游发展研究[D]．广西大学旅游管理硕士学位论文，2011：31-35.

③ 卢洋．生态视阈下荆州三国文化旅游开发研究——以洪湖市乌林为例[J]．武汉职业技术学院学报，2013（5）：107-112.

④ 彭雯．三国赤壁旅游发展研究[J]．科教导刊，2009（6）：188.

⑤ 叶植，靳进．襄阳三国历史文化研究[J]．第六届荆楚学术前沿论坛，2013：190-196.

传承方面，襄阳采用了有别于传统方式的、以纪念教育以及传承为一体的传承方式；同时，襄阳存在一个特点，那就是发生于此的历史故事比小说中相应的一些情节更加有特色。襄阳因其丰富的三国历史史实而在全国有较高的文化地位，但是其地位较高的更大一部分原因不是其中的故事，而是襄阳曾在历史上作为政治、军事要地的背景内涵。

襄阳作为三国文化旅游资源聚集地之一，在湖北省三国文化旅游整体发展中扮演着重要的角色。朱运海①老师对此进行了 SWOT 分析，分析结果显示，襄阳三国文化旅游的优势首先在于当地与三国相关的资源十分丰富；其次在于襄阳具有多年的旅游发展经验，这使得整个地区的景点具有一定的规模；第三点在于襄阳便利的交通条件；最后一点得益于三国故事、文学作品以及影视作品的广为流传，人们对于三国文化旅游的需求较为旺盛。当然 SWOT 分析也展现出了襄阳在三国旅游业发展中的劣势，朱运海将其归纳为：对于分散资源的整合力度不够；对于襄阳旅游形象的树立不够明确，品牌感较弱；对于旅游业的开发仍旧采用老旧模式，没有创新性，并且经营理念模式等也不佳；而 SWOT 分析中的机遇分析则包括了国家政策的扶持导向，中部崛起带来的机遇，还有经济走廊、生态文化园、副中心城市的建设等；威胁分析中也提出了几点潜在或者已经存在的威胁：包括旅游业竞争趋势的日益激烈、产业结构的不断调整和人们对旅游业的需求以及旅游业自身存在的一些比较容易受影响的因素，如旅游季节等。那么针对这些分析结果，文章也提出了一系列相应的对策。朱运海②在研究过程中，还将三国文化的内涵凝练为六点：第一，襄樊是三国故事开始和结束的所在地；第二，襄樊是诸葛亮的学成之地；第三，三顾茅庐的故事就发生在襄樊；第四，襄樊是三国里大智大勇、大谋略的集成之地；第五，襄樊在历史上是兵家必争之地；第六，襄樊拥有深厚的古城文化。对于开发策略，他提出了从开发

① 朱运海．基于 SWOT 分析的襄樊三国文化旅游发展战略对策研究[J]．襄樊学院学报，2010（8）：81-82.

② 朱运海．襄樊三国文化旅游开发研究[J]．武汉职业技术学院学报，2010（1）：86-89.

策略到设施建设，再到区域合作等六方面的建议。钟志月、吴海兵[1]两位老师也对襄阳的三国资源开发进行了 SWOT 分析。

张菊芳[2]老师关注襄阳市的隆中风景开发区，提出了要建立起大旅游的发展观念，并且同前述研究一样，要着力打造旅游品牌。在研究中，分析了隆中风景区的基本情况和发展现状，并审时度势地分析了目前隆中风景区的发展遇到的阻碍，主要有对文化内涵的发掘不够充分，各景区的配合不够，相互之间缺乏互补无法形成产业群。而大旅游指的是从政府到各级部门再到全社会的广泛参与，全都被调动起来的发展方向。这就需要对资源进行整合，建立协作机制，形成能够互补的产业群，并且要进一步加强隆中的品牌效应。万丛丽、朱运海、杨燕[3]三位老师针对襄阳的旅游发展也进行了研究，同样指出了襄阳在特色旅游方面的一些发展劣势：旅游的开发未触及文化内涵的深层次开发，对于旅游产品形式的设计依旧有局限性，旅游配套服务没有跟进，不够齐全，对于相关旅游项目的宣传力度不够大。相应的发展建议有：文化旅游要注重对内涵的发掘和相关系列服务的完善，对产品的开发要综合市场、资源特色、本土风情等进行多样化设计，积极打造旅游品牌等。对于这一点，吕泽元、马佳[4]、赵德[5]等老师还提出，不光要带动政府和旅游部门，还要让高校、科研单位等加入进来，一起合作，进行三国旅游项目的开发。

除了荆州以外，鄂州、汉水、汉中等地的旅游业发展也与三国文化产业息息相关。

---

① 钟志月，吴海兵. 襄阳的“三国文化”旅游开发[J]. 重庆科技学院学报：社会科学版，2014（8）：62-63.

② 张菊芳. 树立大旅游观念、打造文化旅游品牌——襄樊市隆中风景区发展前瞻[J]. 武汉商业服装学院学报，2009（6）：27-29.

③ 万丛丽，朱运海，杨燕. 襄阳三国文化特色旅游发展的研究[J]. 农村经济与科技，2011（22）：64-65.

④ 吕泽元，马佳. 襄阳三国文化旅游发展战略[J]. 农村经济与科技，2013（5）：133-134.

⑤ 赵德. 三国文化与襄阳城市主题建筑装饰设计例析[J]. 襄樊学院学报，2011（12）：57-60.

首先来看鄂州。严志文，尹智源①两位老师认为，古时的都城武昌就是现如今的鄂州，都城武昌的建立，改变了鄂州的历史走向，并且，作为楚文化和吴文化的交融地，都城武昌对当地的三国文化也产生了深远的影响。由于鄂州的历史文化资源丰富多样，这在创建特色文化产业方面是一项不可多得的优势。余晓辉②老师在对鄂州的文化资源进行分析后认为，通过对这些资源，即三国文化和吴、楚文化进行整合，鄂州能够打造出更好的旅游经济未来。目前来看，受到区域管理体制的一些限制，二者的融合也遭遇阻碍，同时在旅游业本身的发展过程中，休闲娱乐偏多，以三国文化为背景的富有教育意义的资源利用率很低，没有此类背景作为支撑是无法维持旅游业长久发展的。另外，融合开发需要一定的配套建设，目前这些配套建设的开发还不够，相应的宣传也不到位，以致整体知名度较低。对此有几点建议：第一，对于文化旅游产业的发展壮大，要学会运用当下各种流行手段，如互联网、数字广播等平台，它们具有前期投入小，后期回报大的特点，是不可小觑的宣传手段；第二，旅游业想要长久发展就不能脱离文化背景的支撑，因此不论何时，都要将文化作为发展的载体，发展过程中还应该积极推广各类民俗艺术；第三，在对楚文化和三国文化进行整合的过程中，应对鄂州的山水资源进行一同整合，从而带动鄂州经济的全面发展；第四，结合创意产业推动文化旅游发展，如可以加大对相关历史的动漫制作的投入力度。金丽娟③老师将对鄂州旅游开发的研究重点放在了吴王城的历史价值上，通过了解吴王城的历史背景、在历史发展中的地位以及军事政治价值等，分析吴王城对于鄂州的意义，并且对吴王城近年来的开发情况进行了现状分析，发现在相关开发中存在着诸多问题，集中在资金、基建、管理、进展速度以及交通状况上，最后结合这些情况为吴王城的发展提供了建设性意见。

---

① 严志文，尹智源. 浅谈鄂州三国文化的历史发展及现实意义[J]. 湖北社会科学，2006（8）：182-183.

② 余晓辉. 吴楚文化、三国文化与鄂州文化资源的整合开发[J]. 鄂州大学学报，2016（7）：40-42.

③ 金丽娟. 吴王城的历史文化价值与旅游开发研究[J]. 当代经济，2015（35）：44-45.

其次来看汉中、汉水流域。正如沈伯俊[①]老师强调的，由于汉水流域在三国历史中的独特意义，使得其成为三国文化的核心区域之一，湖北省多年来也对汉水流域的三国旅游产业进行了精心培育。梁中效[②]老师对此指出，应当充分利用国家政策提供的机遇和福利，如“一带一路”“南水北调”等，另外，在旅游精品的打造过程中，可以借鉴相关产业发展较好的国家，如在动漫基地的创建中就可以学习日、韩等国的先进理念和它们已有的经验。许军让、肖亚波[③]两位老师提出，应对三国文化旅游有一个清晰的认识，三国文化旅游重在文化而非旅游，主要是通过对三国遗迹、人文、建筑、民风的了解来得到一定的知识充实、心灵熏陶和文化素养的提升，不能将其简单归类为游山玩水、散心等单纯的娱乐项目。在对汉中旅游资源的开发中，肖亚波[④]老师认为，要大力发展三国文化产业就要加大投入，包括资金、基建、交通以及配套设施等的投入，注重对市场和文化资源本身的深度挖掘。

---

① 沈伯俊. 精心培育汉水流域三国文化带[J]. 湖北文理学院学报，2014(12)：5-10.

② 梁中效. 汉水流域三国文化旅游开发研究[J]. 湖北文理学院学报，2015(12)：5-10.

③ 许军让，肖亚波. 汉中三国文化旅游资源的开发研究[J]. 金卡工程，2010(7)：279.

④ 肖亚波. 汉中三国文化旅游资源开发研究[J]. 学理论，2013：96-96.

第三节

其他省份在三国旅游业中的地位、现状及发展

我国目前旅游产业的发展在不同地区存在一定差异。有些旅游景点的品质和服务的精致已经达到国际水平，甚至于引领国际的先进水平，但很多地方还是比较地粗放，存在供给不平衡问题，所以要转变思维。

——窦文章

河南省也是名副其实的三国文化资源大省，以许昌为代表的三国文化圣地，对河南省的政治、经济文明建设起到了较为重要的作用。

据不完全统计，许昌市作为一座地级城市，坐拥总数为 500 多处的三国名胜古迹中的 80 多处，并且在这里涌现出很多富有才华的三国历史人物，同时许昌还是汉魏时期的都城。王惠娟①老师发现，目前许昌市对于三国文化旅游资源的开发策略包含以下几点：第一，充分利用媒体资源，制作各类品质优良的音像作品；第二，发展完善的旅游线路，高度整合旅游资源，实现许昌市三国旅游资源的一体化发展；第三，在对历史古迹进行不断修缮重现的基础上，积极开发新产品。谢淑芳②老师认为，许昌市在打造三国文化旅游方面还不够具有前瞻意识，例如对旅游人才的培养不到位，而且针对许昌市的三国文化特色——汉魏文化的宣传不够充分，没有营造出应有的氛围。

对于曹魏文化的渗透和宣扬，高洪涛③老师提出在旅游配套设施——主题酒店方面进行设计打造。主题酒店近年来在国内的发展势头较猛，并且事实证明，主题酒店更符合文化水平越来越高的消费者的需求。高洪涛认为，曹魏主题酒店的创建能够吸引消费群体，为他们提供不一样的顾客体验，同时还能更新许昌市的城市形象，在市场定位中，更加凸显许昌市的特色。高洪涛提出，在主题酒店的建设中，首先，要注重建筑风格与主题的协调统一；其次，包括酒店大堂、门廊、客房、书房等的空间设计要凸显地方文化特色，装饰品的设计和称谓也要尽量向历史文化靠拢，营造浓厚的主题氛围；第三，在主题酒店的经营管理上，除了保证酒店的基本服务以外，也可以创新地提供一些特色服务，同时，对于员工的培训除了注重礼节外，还要注重对其历史文化水平的培养；最后，也是较为重要的一点，餐饮是体现主题酒店的主题的另一种重要标志，对于餐厅、餐具以及菜品名称的设计都要紧扣主题来进行。在旅游

① 王惠娟. 河南省三国文化旅游资源开发刍议——以许昌市为例[J]. 佳木斯教育学院学报，2013（4）：285-286.

② 谢淑芳. 许昌三国旅游文化开发刍议[J]. 许昌师专学报，2002（4）：28-30.

③ 高洪涛. 许昌三国曹魏文化主题酒店建设构想[J]. 洛阳师范学院学报，2011（4）：81-84.

业面临改革的今天，对旅游业的思考和推新应当包含对于导游教育的改革。潘利[①]、刘冰[②]两位老师认为，从许昌市2009年提出并实施旅游立市战略以来，旅游业尤其是三国文化旅游业逐渐成为许昌市的品牌产业，这也推动着旅游业所要求的导游转型——文化型导游应运而生。文化型导游与传统意义上的导游有明显区别，他们的首要任务是传播景点所蕴含的民族或是区域文化，引导游客真正了解景区的价值，对祖国的大好河山有发自内心的感悟，从而实现旅游业对社会主义精神文明建设的贡献。从政府角度讲，培养文化型导游可以提升许昌文化旅游的感染力；从游客角度讲，文化型导游可以提升游客对于旅游体验的满意度；从旅游业的发展来讲，文化型导游可以增强许昌旅游业的发展能力以及旅游品牌的影响力。朱静雯[③]认为文化创意是许昌市三国文化旅游发展的新思路。

王小松[④]老师认为，许昌市的旅游竞争力可以通过以下几个方面得到进一步提高：首先在于新型旅游产品的开发，尤其是在开发过程中要融入文化内涵；其次是要充分利用许昌市的两大特色，一是文化古城，二是生态绿城，将二者有机结合，向游客更多地呈现；然后是对旅游服务业整体素质的提升，避免从业服务人员良莠不齐的素质乱象，积极引进高级人才及高级人才管理人员；另外，进一步加大宣传促销力度，彰显旅游城市的特点；最后还要通过与邻近区域的优势互补来弥补许昌市在旅游业发展中的不足之处。张纯承[⑤]老师指出，三国文化资源有力地促进了文化产业的发展，而文化产业是关系国民素质的产业，文化产业发展得好，不仅可以为当地带来经济效益，提升当地人民的人文素养，还能

① 潘利. 刍议许昌"三国曹魏旅游"与"文化型导游"[J]. 焦作大学学报，2011（4）：56-58.

② 刘冰. 中国传统文化与中国旅游业的发展——以许昌三国文化与许昌旅游业的发展为例[J]. 青年文学家，2010：218-220.

③ 朱静雯. 基于文化创意视角的许昌市三国文化旅游资源开发研究[D]. 河南大学人文地理学硕士学位论文，2013：18-19.

④ 王小松. 三国名都——许昌市提高旅游竞争力的策划初探[J]. 商情，2010：104.

⑤ 张纯承. 三国文化资源与许昌文化产业发展的互动关系研究[J]. 大众文艺，2015：273-274.

够吸引周边甚至更大范围内的游客，具有广泛的教育意义，也能在无形中提升当地的整体品位。以三国文化为龙头的旅游业发展，有利于巩固许昌旅游中心的地位。郑敬刚[①]老师指出，应当通过构建三国文化圈，来实现对许昌三国文化资源的开发，资源的开发要有一定的前瞻性，如开发“春秋楼”使其作为三国文化中忠义的化身，开发“灞陵公园”使其作为三国文化中仁义的化身等等，既突出不同景点的主题，又赋予景点特殊的意义。另外还可以构建三国文化广场，弘扬三国文化精髓。

在对许昌旅游资源的开发研究中，高洪涛[②]、刘霞[③]两位老师提出了对许昌市的三国文化线路进行整合的观点，认为整合开发具有充分的必要性，利于许昌旅游资源的优化配置和今后的深度开发，利于优势资源的互补和旅游品牌的建立。至于具体的整合内容，高洪涛提出了以下几点：首先，联结其他三国资源构建三国旅游线路；其次，提高本区域三国文化的知名度；第三，发挥中原路特色；第四，抓住中部崛起计划的契机。张润泽[④]老师认为，对于三国文化的传播与推广，文化古迹、文学作品、影视作品只是其中的一些表现形式，除此之外，更需要搭建一个大的展示平台来全方位展示三国文化的细节之处，如构建三国历史体验馆，推出三国文化衍生品。刘丹丹[⑤]老师选择了通过研究旅游翻译来追寻我国多年来对历史文化资源的开发之路，并查找出以许昌为例的文化旅游方面所出现的翻译不规范现象，认为这些现象是文化传承中的糟粕，应予以修正或者摒除，并因此提出了几点建议：组织高质量的翻译团队；在旅游资料的翻译校验过程中严格把关；加强对各类出版物的管理和监督；谨慎选择翻译策略；可以采取重点强调、部分删减的原则来实现主

---

① 郑敬刚．许昌三国文化资源开发对策研究[J]．许昌学院学报，2016（3）：122-124.

② 高洪涛．许昌三国文化旅游线路的整合开发[J]．河南科技大学学报：社会科学版，2010（2）：78-81.

③ 刘霞．许昌三国文化旅游资源一体化开发研究[J]．许昌学院学报，2010（4）：134-136.

④ 张润泽．供给侧改革视角下许昌三国历史文化开发新探讨[J]．环球市场，2016（8）：214.

⑤ 刘丹丹．从旅游翻译看历史文化资源的开发——以许昌三国文化为例[J]．济南职业学院学报，2013（2）：104-106.

要信息的呈现。

安徽省同样也拥有一定的三国文化资源。谢福田、刘永晋[①]两位老师认为，在安徽省境内联合各区域共同开发三国旅游资源有利于实现共赢，对整个社会的经济文化建设具有重要的意义。马琪[②]老师对合肥三国文化旅游业的可持续发展能力进行了SWOT分析，认为目前合肥三国文化旅游的优势主要体现在以下几个方面：适逢政策指向提供机遇，自身文化资源的品位较高，地理位置优势明显，交通四通八达，近年来整座城市的良好形象积累和经济的快速超前发展态势。而在劣势方面，也有以下表现：基建属于薄弱环节，管理体制也有待更新，整座城市缺乏核心竞争力，没有鲜明的旅游品牌，旅游企业包括旅游景点的发展和开发进程缓慢，相关的推广力度不够，营销乏力，整座城市的旅游产业发展以及人才队伍的组成都不够成熟，造成诸多方面的不完善。在机遇方面，国家政策近年来的扶持使得安徽省的城市影响力得到快速提升，并且全球范围内的旅游业都在蓬勃发展，等待开发的潜在游客较多，最重要的是安徽省及合肥市对旅游业的重视是其发展机遇的根本。当然威胁也不少，例如旅游城市间的竞争日益激烈，游客需求的日益提升等。对此，提出的对策如下：加大力度开发特色旅游，增加资金的注入，重视营销策略的设计，采取联合营销等手段，积极向长三角旅游圈靠拢，提高人才队伍的整体水平，完善基建工程和管理体制，打造旅游产业主打品牌等。三国旅游业的发展多以多个景点串联线路为开发对象，魏晓峰、张洪[③]两位老师对“亳州—合肥—马鞍山”旅游线路进行了探讨，认为这一旅游线路沿线的旅游资源丰富，旅游内容具有特色，景点内容互补，能够满足游客在旅游过程中的文化体验需求，并且是安徽省首条三国文化特色旅游线路，弥补了安徽省旅游业在这方面的空白，再加上沿线交通发达，

---

① 谢福田，刘永晋．论安徽境内三国文化旅游的区域联合开发[J]．中小企业管理与科技（下旬刊），2013（12）：120-121.

② 马琪．合肥市三国文化旅游发展对策研究[D]．合肥工业大学项目管理硕士学位论文，2010：16-30.

③ 魏晓峰，张洪．安徽开展三国文化旅游的思考——以“亳州—合肥—马鞍山”旅游线路为例[J]．管理观察，2009（12）．

因此，开发这一线路具备较高的可行性。汪婵[①]老师基于档案视角对安徽省庐江县的三国文化开发进行了研究。研究认为，档案是庐江县三国文化资源的沉淀结果，是对历史的客观记录，对档案的研究可以规避一些个人情感偏好，档案记载的内容是不容忽视的，同时它也是历史文化传承的媒介。目前庐江县对于三国历史档案的保护不够充分，档案存放环境较差，材料不具备较强的系统性；同时，相关的文化研究人员严重流失，且普遍缺乏基本的专业培训，对档案的认识不充分，保护意识薄弱。

汉中是陕西省三国文化资源的集中区，也是两汉三国历史中的重要区域，这奠定了其重要的历史文化底蕴地位，同时也使其注定成为三国旅游的特色目的地。张莹[②]老师提出将汉中的两汉三国旅游资源进行整合的建议，具体的整合思路是：首先，以这部分资源为基础创建独立的产业链；其次，通过一些产业合作加强该区域的影响力；最后，借鉴并学习已经发展成熟并且较为成功的模式。陈龙、胡亚娟[③]两位老师浅析了勉县三国文化旅游的开发优势。位于汉中的勉县是汉中区域旅游资源集中程度以及辅助条件最好的区域，有包含古阳平关、诸葛亮读书台、武侯祠墓等在内的诸多著名文化遗迹，历史价值及旅游价值较高，并且勉县的各景点分布集中，极大地降低了旅游资源的整合难度。另外，勉县具有优越的环境资源，勉县政府对旅游业的重视和建设的落实，使得当地交通便利，服务设施健全完善。黄钰钏[④]老师对汉中三国文化开发的建议也是围绕宣传力度、基础设施建设、交通的发展以及旅游线路的打造、景区的保护升级等来展开的。冯鼎然[⑤]老师从城市雕塑艺术的视角出发，探讨了勉县诸葛古镇的雕塑设计。他通过研究发现，当代城市建设普遍

---

① 汪婵. 档案视角下的庐江县三国文化开发利用研究[D]. 安徽大学档案学硕士学位论文，2014：21-30.

② 张莹. 试论汉中两汉三国旅游资源的整合[J]. 陕西教育，2013（9）：7.

③ 陈龙，胡亚娟. 浅析勉县三国文化旅游的开发优势[J]. 商界论坛，2013(1)：250.

④ 黄钰钏. 试论汉中两汉三国文化旅游资源的开发[J]. 学理论，2011：131-133.

⑤ 冯鼎然. 三国文化背景下的城市雕塑艺术创作研究——以诸葛古镇雕塑设计为例[D]. 西安建筑科技大学艺术设计硕士学位论文，2016：20-27.

倾向于采用雕塑来对城市文化、城市形象等进行宣扬和传播，历史文脉中的雕塑在诸如勉县这样的历史文化名城中具有重要价值，主要有精神上的价值，文化传承和熏陶上的价值以及审美价值等。

甘肃天水在历史上曾经是陇右第一重镇，属于军事要地，因此具备一定的三国文化宣传价值，应当对当地的旅游业加以重视。石宁[①]老师在对天水地区的旅游纪念品进行分析时提出，纪念品对于旅游景点的宣传、景区特色的塑造和强调等都有重要意义，对于天水的纪念品设计应基于天水这一重要三国历史背景而进行，同时可以添加创造性的设计。同时，对于产品的开发要注重系列化，管理要注重一体化。要将文化内涵巧妙地融入进纪念品的形态、色彩、包装甚至材质中去。

贵州关岭一直由于缺乏事实依据而在真实性问题上在三国文化资源的划分上颇受争议，但是不能因此就否定其三国文化的内涵。目前关岭的三国文化传播影响力较小，陈慧平[②]老师提出抛开关岭三国文化资源的历史真实性不谈，其现存的一些传说还是具备一定的精神意义的，对于一些意义深刻的价值观仍旧可以传承，甚至可以逐渐发展成为关岭地域文化的一部分，随着时代的发展纳入历史。

云南曲靖市因丰富的诸葛南征遗迹及民间口传而名扬四海。云南省应当对这一宝贵的三国文化财富给予必要的保护，加以深度开发。目前，曲靖市的游客客源还十分单一，支撑性的景区还未建立健全，旅游资源的整合度较差。针对这些问题，李玮谦、代青、郭喜梅、李伟[③]四位老师提出，对曲靖市的三国旅游资源应当从体制改革、人才培养、区域协作以及政策扶持等方面进行开发。

三国文化源远流长，相关旅游资源丰富，不仅有大量名胜古迹、标志性建筑，更是有许多的历史典故借助戏剧、小说、诗词等形式广为流

---

① 石宁. 基于三国文化的天水地区旅游纪念品设计分析[J]. 文艺生活 文海艺苑，2013（5）：287.

② 陈慧平. 关岭三国文化的历史意蕴与现代价值[D]. 华中师范大学农村与区域发展·农村文化硕士学位论文，2013：25-31.

③ 李玮谦，代青，郭喜梅，李伟. 曲靖市三国文化旅游特质及开发思考[J]. 海南师范大学学报：自然科学版，2013（3）：105-109.

传。余方方，刘方[1]两位老师认为，在三国文化旅游发展过程中，三国文化的这两种存在形式相辅相成，互为促进，互相依托。增强三国文化的传播和相关旅游业的发展意义重大，这也是基于其潜在的巨大价值而定的。首先，三国文化有足够的观赏性，如颇具独特风格的建筑、书法、诗词歌赋；其次，三国文化中蕴含着不少的大智慧，具有重要的研究价值，这是任凭光阴流转始终发光发亮的宝贵财富；最后，三国文化对大众的教育意义重大，对这一点，每一位接触过三国文化的人都深有体会。

在旅游业蓬勃发展的今天，与三国文化相关的旅游产业却发展缓慢。陈新剑[2]老师对此进行了多方面分析，并得出结论：三国文化旅游产业发展状态持续低迷的原因不在于文化本身，而在于这一产业在文化传播、项目建设过程中缺乏创意，不具备足够的吸引力。他提出三国文化虽然是古文化，但是在作为产业进行经营的过程中，应当顺应时代需要，学习和开发较为前沿的经营管理模式，构建出吸引现代人眼球的旅游新概念。郭文[3]老师对无锡唐城、三国城以及水浒城的游客进行了研究，研究内容是通过运用瑟思顿态度比较评价模型调查游客对参与影视旅游展的意愿倾向程度，基于研究结果提出，展演主题、展演形式以及组织方法对吸引游客起着至关重要的作用，同时影视旅游展演应当与旅游景区的主题相呼应，注重实景展演和游客体验，展演内容一方面应当与旅游区当地的文化特色相融合，另一方面也应当注重艺术独创性，大胆尝试各类新颖模式。

潘利[4]老师认为三国文化旅游的研究将成为不衰的话题，这一论断的提出基于三国文化资源存在的一系列理论、经济和体验价值。目前，对三国文化资源的研究已经持续多年，已经从最初对个别地区的个别案例研究发展到对整个三国文化资源的初步探索，进而再到对热点问题的集

① 余方方，刘方. 论三国旅游资源及其价值[J]. 民风，2008（7）：168-169.

② 陈新剑. 关于三国文化旅游若干问题的思考[J]. 江汉大学学报：社会科学版，2007（9）：74-76.

③ 郭文. 受访游客参与影视旅游展演意愿倾向研究及启示——基于对无锡唐城、三国城、水浒城游客的调查[J]. 旅游学刊，2008（10）：61-67.

④ 潘利. 三国文化旅游研究述评[J]. 河南科技大学学报：社会科学版，2011（10）：70-73.

中探讨阶段。赵振斌、马丽霞、马耀峰[1]三位老师指出，三国文化资源的联合开发意义重大，不仅能够较大限度地扩大资源利用空间，彼此互补，而且有利于文化资源品牌的建立，同时能够创建出一体化经济堡垒，从而保持经济的平稳发展。在进行跨区域开发时，要注重旅游产品的线路合理化、旅游主题明确化以及市场定位的清晰化。陈新剑[2]老师强调，对于旅游开发活动，应当以较为先进的理念来传承历史文化中的精髓，而不是完全以历史至上的原则进行开发。

三国文化资源的重要性已经毋庸置疑，因此对这一资源的传承和衍生都很重要。金倩、吴丹[3]两位老师提出，与三国相关的艺术衍生品市场的发展并不乐观，这是由于全国范围内对于三国文化资源缺乏统一的规划，各地区甚至各景点的开发路线差异较大，艺术衍生品的质量良莠不齐，对潜在市场的闲置是一种极大的浪费。主题公园是近些年兴起的一种新型旅游形式，公园从建筑风格到娱乐项目再到餐饮等都严格紧扣公园主题，富有鲜明的特色。金倩、吴丹[4]两位老师还建议通过创建三国主题公园来诠释三国文化和精神，较之传统的观赏性场所更能够吸引游客的兴趣，可以达到娱乐和教育的双重目的，因此可行性极高。这一建议富有创新性、独特性。在打造主题公园时，应当注重建筑风格紧扣主题，恰当融入娱乐理念。同时，对餐饮和住宿进行精心设计也是吸引游客的一大法宝，能让三国文化更具魅力。

---

① 赵振斌，马丽霞，马耀峰．三国文化旅游跨区域联合开发与产品设计研究[J]．开发研究，2006（3）：87-89.

② 陈新剑．三国文化旅游之研究[J]．襄樊学院学报，2007（10）：82-86.

③ 金倩，吴丹．三国文化艺术衍生品的开发畅想[J]．佳木斯教育学院学报，2013（10）：56-60.

④ 金倩，吴丹．三国文化与主题公园创建[J]．神舟旬刊，2014（7）：32-34.

参考文献

[1] 汪世蓉.《三国演义》传统文化事象的多视角英译研究[M]. 北京：社会科学出版社，2015.
[2] 张智中.《三国演义》开篇词英译之比较[J]. 商丘师范学院学报，2004（6）.
[3] 卢淑梅. 从 Moss Roberts《三国演义》英译本看翻译中的文化杂含[D]. 石家庄：河北大学，2007.
[4] 赵常玲. 文学翻译中译者的主体性——罗译《三国演义》研究[D]. 北京：北京航空航天大学，2004.
[5] 王丽娜，杜维沫.《三国演义》的外文译文[J]. 明清小说研究，2006（4）.
[6] 曾晓光. 试论罗慕士译《三国演义》对"数合"的翻译及问题[J]. 西华大学学报：哲学社会科学版，2007（4）.
[7] 张浩然，张锡九. 论《三国演义》罗译本中关于文化内容的翻译手法[J]. 上海大学学报：社会科学版，2002（9）.
[8] 孙静艺，王伦. 异化策略在文化翻译中的成功应用——以《三国演义》Roberts 全译本中尊谦词的翻译为例[J]. 重庆交通大学学报：社会科学版，2007（6）.
[9] 张浩然.《三国演义》罗译本评析[J]. 福建外语，2001（1）.
[10] 张彩凤. 论译者主体性及其在《三国演义》英译本中的体现[D]. 呼和浩特：内蒙古大学，2006.
[11] 高华. 从罗慕士《三国演义》译本看译者主体性[D]. 苏州：苏州大学，2007.
[12] 刘洪泉，刘秋红. 一知'半'译——中国古典四大名著英译"半"字赏析[J]. 上海翻译，2005（4）.
[13] 张煜，田翠芸. 从《三国演义》英译本看译者的创造性[J]. 河北理工大学学报：社会科学版，2007（2）.
[14] 张晓红. 翻译目的——评价翻译质量的辅助标准——评《三国演义》两个英译本的翻译质量[D]. 上海：上海大学，2006.
[15] 张晓红. 从《三国演义》的不同英译本来看翻译目的对翻译质量的影响[J]. 南京工业职业技术学院学报，2007（3）.

[16] 张晓红，冯奇. 从《三国演义》回目的翻译看文学作品中文化意义的转换[J]. 上海大学学报：社会科学版，2005（6）.

[17] 贺显斌. 文化翻译策略归因新解——以《三国演义》Roberts 全译本为例[J]. 天津外国语大学学报，2003（10）.

[18] 潘演强，谢先泽. 从文学文体学视觉比较《三国演义》的泰译本和罗译本[J]. 科技信息，2007（27）.

[19] 骆海辉. 最近十年国内《三国演义》英译研究评述[J]. 文教资料，2009（6）.

[20] 黄粲. 罗慕士英译《三国演义》研究：聚焦文化映像[D]. 厦门：福建师范大学，2009.

[21] 张琳瑜，吴熹. 基于关联理论视角看《三国演义》的翻译策略[J]. 江西教育学院学报（综合），2009（6）.

[22] 潘潇祎.《三国演义》罗译本与泰译本中职官名称英译研究[D]. 大连：大连海事大学，2009.

[23] 付臻. 解构主义视角下汉语模糊性的英译处理——基于罗慕士译《三国演义》的个案研究[D]. 长沙：中南大学，2009.

[24] 曾晓光.《三国演义》罗慕士译本对衡量词的英译问题[J]. 哈尔滨学院学报，2009（6）.

[25] 曾晓光. 成语"兵贵神速"的英译与汉英词典的不足[J]. 辽宁工程技术大学学报：社会科学版，2008（2）.

[26] 曾晓光. 罗慕士译《三国演义》对容量词的英译及问题[J]. 内蒙古农业大学学报：社会科学版，2008（1）.

[27] 曾晓光. 罗慕士译《三国演义》对长度词的英译及问题[J]. 河北科技师范学院学报：社会科学版，2008（3）.

[28] 巫丹. 从互文性角度看《三国演义》英译本中文化内容的翻译策略[D]. 天津：天津理工大学，2009.

[29] 夏廷德，夏飞. 论典籍翻译古雅韵味的补偿——以《三国演义》罗伯茨译本为例[J]. 辽宁大学学报：哲学社会科学版，2009（7）.

[30] 孟丽. 论《三国演义》罗译本中文化意象的翻译[D]. 银川：宁夏大学，2009.

[31] 董国栋. 从罗慕士《三国演义》英译本看文化的可译性. 哈尔滨：哈尔滨工程大学，2009.

[32] 张焰明. 典籍翻译理解的启示——从《三国演义》翻译中的理解谈起[J]. 韩山师范学院学报，2009（4）.

[33] 卢淑梅. 译本文化杂含的理论依据——从《三国演义》罗译本获得的启示[J]. 邢台学院学报，2008（12）.

[34] 李淑杰. 典籍英译中传统文化内涵的翻译策略[J]. 辽宁工业大学学报：社会科学版，2010（2）.

[35] 刘兆林.《三国演义》中人名英译研究——从归化和异化的角度[J]. 电子科技大学学报：社科版，2010（4）.

[36] 赵丽丽. 从译者主体性角度分析《三国演义》罗慕士英译本[D]. 太原：山西大学，2010.

[37] 张焰明.《三国演义》的社会符号学翻译法评析——以张亦文和 Moss Roberts 译本为例[J]. 池州学院学报，2010（5）.

[38] 蔡小娟. 从功能对等看罗慕士《三国演义》英译本中成语的翻译[D]. 长沙：湖南师范大学，2010.

[39] 郝健.《三国演义》人称代词的英译语料库辅助研究[D]. 大连：大连海事大学，2010.

[40] 段艳辉，陈可培. 罗幕士对《三国演义》曹操形象的创造性阐释[J]. 沈阳大学学报，2010（10）.

[41] 张旭.《三国演义》罗译本中古雅韵味再现的翻译研究[D]. 大连：大连海事大学，2010.

[42] 骆海辉.《三国演义》罗慕士译本副文本解读[J]. 绵阳师范学院学报，2010（12）.

[43] 骆海辉，姜葵.《三国演义》罗译本的骂词翻译研究——以目的论为观照[J]. 漳州师范学院学报：哲学社会科学版，2010（3）.

[44] 张建丽，孙启耀. 古典小说中章回标题翻译策略的实证研究[J]. 厦门理工学院学报，2010（2）.

[45] 康爱霞. 关联理论视角下的翻译补偿研究——《三国演义》罗慕士全译本个案分析[J]. 兰州教育学院学报，2010（5）.

[46] 文军，李培甲. 国内《三国演义》英译研究：评述与建议[J]. 北京第二外国语学院学报，2011（8）.

[47] 骆海辉. 论典籍英译的译者素质——罗慕士个案研究[J]. 攀枝花学院学报，2011（2）.

[48] 陈文爽. 基于关联理论视角下看文化缺省的翻译补偿——以《三国演义》中的宗教文化为例[J]. 长春工程学院学报：社会科学版，2011（1）.

[49] 叶希聪. 语料库辅助《三国演义》战争词语翻译比较研究[D]. 大连：大连海事大学，2011.

[50] 张志全，陈晓莉. 从目的论视角看‘忠实’的度——以《三国演义》两个英译本为例[J]. 重庆交通大学学报：社会科学版，2011（5）.

[51] 郭艳红，谭兴. 从《三国演义》两个英译本看“化形析字”的翻译策略[J]. 重庆交通大学学报：社会科学版，2011（2）.

[52] 宋孝廷. 论《三国演义》罗慕士译本中隐士文化的传递[D]. 湘潭：湘潭大学，2011.

[53] 戈马军. 文化资本视角下《三国演义》罗译本翻译策略研究[J]. 重庆交通大学学报：社会科学版，2011（6）.

[54] 肖晓新. 顺应论视角下《三国演义》诗歌翻译方法研究[D]. 南宁：广西大学，2011.

[55] 戈马军. 文化资本视角下《三国演义》罗译本翻译策略研究[D]. 重庆：重庆大学，2011.

[56] 张焰明.《三国演义》两个译本再现原语形式的比较[J]. 九江学院学报：社会科学版，2011（2）.

[57] 张焰明. 从接受理论评《三国演义》两个译本的文化传播[J]. 韶关学院学报：社会科学版，2011（9）.

[58] 陈晓莉，张志全.《三国演义》两个英译本中回目的翻译[J]. 重庆大学学报：社会科学版，2011（4）.

[59] 黄粉保. 变不可译为可译：来自“目的论”的启示——以《三国演义》拆字格英译为例[J]. 韶关学院学报：社会科学版，2011（9）.

[60] 赵彦博. 翻译美学视角下的罗慕士《三国演义》英译本研究[D]. 武

汉：华中师范大学，2011.

[61] 李毓，吴允淑. 关联视角下的《三国演义》中称谓词的英译[J]. 淮南师范学院学报，2011（2）.

[62] 张志全. 目的论视角下《三国演义》两个英译本的对比研究[D]. 重庆：重庆大学，2011.

[63] 丁爱春. 典籍翻译中文化和语言的误解研究——以罗译《三国演义》的语料分析为例[J]. 剑南文学（经典阅读），2011（6）.

[64] 肖志艳，王芳. 对典籍翻译中文化和语言的误译分析与探讨——剖析罗译《三国演义》的语料[J]. 吉林广播电视大学学报，2011（8）.

[65] 张云鸿. Strategy Analysis for the Translation of Chinese Culture-Loaded Words in San Guo Yan Yi from the Perspective of Skopos Theory[D]. 北京：北京邮电大学，2012.

[66] 敖玄. 叙事学观照下译者的角色研究——以罗慕士和泰勒《三国演义》英译本为例[D]. 长沙：中南大学，2012.

[67] 张志龙.《三国演义》泰勒译本中中国特色文化的缺失——以《三国演义》第一回为例[J]. 广东农工商职业技术学院学报，2012（4）.

[68] 刘克强. 语料库词典学与基于平行语料库的三国演义习语翻译词典的研编[M]. 昆明：云南大学出版社，2012.

[69] 师巧云. 泰勒《三国演义》英译本的翻译技巧[J]. 长江大学学报：社会科学版，2012（12）.

[70] 张焰明. 罗慕士《三国演义》译本创造性叛逆解析[J]. 西华大学学报：哲学社会科学版，2012（6）.

[71] 安澜. 从阐释学视角探索翻译补偿——以罗译《三国演义》英文译本为个案研究[J]. 牡丹江大学学报，2012（2）.

[72] 王超. 互文翻译视角下《三国演义》两个英译本的比较研究[J]. 哈尔滨：哈尔滨工程大学，2012.

[73] 张宇. 语用标记价值等效原则视角下的《三国演义》英译本之对比研究[D]. 石家庄：河北大学，2012.

[74] 张焰明. 从翻译美学的角度评罗慕士《三国演义》译本[J]. 鸡西大学学报，2012（11）.

[75] 沈芸，贺爱军. 成语文化词翻译策略探微——以《三国演义》罗摩士英译本为例[J]. 浙江万里学院学报，2012（2）.

[76] 陈德用，张瑞娥. 泰勒对《三国演义》性别称谓体系的解构与重构[J]. 天津外国语大学学报，2012（11）.

[77] 高珺. 从目的加忠诚的法则对比“三国演义”的两篇译文[J]. 经济研究导刊，2012（14）.

[78] 刘洪辉. 目的论视角下《三国演义》典故英译的比较研究[D]. 衡阳：南华大学，2012.

[79] 郝健.《三国演义》罗慕士版本中“朕”的翻译浅析[J]. 文艺生活，2012（7）.

[80] 张焰明. 罗慕士《三国演义》中儒释道文化词英译启示[J]. 韩山师范学院学报，2012（10）.

[81] 李新，汪毅.《三国演义》中四字格的英译策略评估[J]. 华北电力大学学报：社会科学版，2013（3）.

[82] 沈芸，毛艳华.《三国演义》中成语文化词的英文翻译策略及其量化分析[J]. 考试周刊，2013（104）.

[83] 李养龙. 翻译过程中的主体间性研究：以罗译《三国演义》为例[M]. 北京：外语教学与研究出版社，2013.

[84] 刘克强，沈映梅.《三国演义》中英文平行语料库的研制与创建[J]. 红河学院学报，2013（2）.

[85] 冯雷. 三国演义英译本研究：描述翻译学理论的应用[M]. 北京：中国人民大学出版社，2013.

[86] 曾建萍. “洋气”的道教士——论罗慕士《三国演义》译本中道教士的异化翻译[J]. 怀化学院学报，2013（4）.

[87] 王祥梅.《三国演义》的 Brewitt-Taylor 英译本对原文省略信息的分析[J]. 青年文学家，2013（27）.

[88] 汪毅.《三国演义》四字格概念隐喻英译策略分析[D]. 北京：华北电力大学，2013.

[89] 赵常玲. 互文性视角下的罗译《三国演义》副文本研究——以跋及注释为例[J]. 北京科技大学学报：社会科学版，2013（10）.

[90] 李鹏辉. 论《三国演义》罗慕士英译本中人物对话的语用对等[D]. 衡阳：南华大学，2013.

[91] 王玲珑. 赏析泰勒版《三国演义》第一回中翻译方法的使用[J]. 河北科技学院学报，2013（12）.

[92] 迟梦筠. 明清章回小说回目的翻译原则与技巧[J]. 哈尔滨师范大学社会科学学报，2013（3）.

[93] 张晓红. 文学作品英译过程中比喻形象的保留与转换——兼评《三国演义》的英译本[J]. 黑龙江教育学院学报，2013（11）.

[94] WeiLianzhi. A Study on Character Remolding in Two English Versions of Sanguo Yanyi：from the Perspective of Descriptive Translation Studies[D]. 西安：西安外国语大学，2014.

[95] 闫敏敏. 敬谦语翻译的文化接受视角——以《三国演义》罗译本部分敬谦词的翻译为例[J]. 湖北第二师范学院学报，2014（11）.

[96] 余裕发.《三国演义》成语翻译的归化与异化——以罗慕士译本为例[J]. 外语研究，2014（1）.

[97] 李翊娜. 罗慕士英译《三国演义》典故研究——异化翻译理论的视角[D]. 青岛：青岛大学，2014.

[98] 赵丽丽. 阐释学视角下《三国演义》罗慕士英译本解读[J]. 运城学院学报，2014（3）.

[99] 赵丽丽. 目的论视角下《三国演义》罗慕士英译本翻译策略研究[J]. 长春工程学院学报，2014（2）.

[100] 陈甜.《三国演义》中文化专有项英译研究[D]. 长沙：湖南师范大学，2014.

[101] 陈甜.《三国演义》邓罗译本差异以伪[J]. 海外英语，2014（11）.

[102] 石成蓉，骆海辉. 阐释学视角下《三国演义》中诗词英译的研究[J]. 成都大学学报：社会科学版，2014（5）.

[103] 张飞. 接受美学下中国古典小说翻译主体间性研究——以《三国演义》两英译本为例[D]. 银川：宁夏大学，2014.

[104] 张泽媛. 从本雅明的“纯语言”观探索罗幕士的《三国演义》英译本[D]. 太原：太原理工大学，2014.

[105] 房坤. 汉诗英译的识解差异研究——以《三国演义》诗词英译为例[D]. 大连：辽宁师范大学，2014.

[106] 曾晓光. 浅析汉英词典词条英语对应词的不足——以成语“措手不及”的典型英译为例[J]. 哈尔滨学院学报，2014.

[107] 吴鸿俊. 移情视角下《三国演义》的诗词对比研究——以罗慕士和泰勒两个英译本为例[D]. 长沙：中南大学，2014.

[108] 董欢，关璐. 从王宏印诗歌翻译六标准评析《三国演义》开篇词的两种英译[J]. 英语广场：学术研究，2014（12）.

[109] 魏亚南. 顺应论视角下《三国演义》泰勒译本中明喻的翻译策略[D]. 北京：对外经济贸易大学，2015.

[110] 金海萍. 两个《三国演义》英译本的双关语翻译研究[J]. 英语广场：学术研究，2015（6）.

[111] 谭兴. 从《三国演义》两译本看古典小说回目翻译格的翻译策略[J]. 重庆交通大学学报：社会科学版，2015（2）.

[112] 汪世蓉.《三国演义》传统文化事象的多视角英译研究[M]. 北京：社会科学出版社，2015.

[113] 汪世蓉. 翻译伦理视阈下汉语典籍的文化英译与域外传播——以《三国演义》的译介为例[J]. 学术论坛，2015（1）.

[114] 刘克强. 三国演义诗词英译[M]. 北京：中央编译出版社，2015.

[115] 岳靖凡. 从翻译美学视角分析罗慕士《三国演义》英译本[J]. 芒种，2015（18）.

[116] 黄粉保. 论小说人物口吻、神态在译文中的再现——以《三国演义》罗译本片段为例[J]. 云梦学刊，2015（5）.

[117] 田莉洁. 深度翻译视角下的罗慕士《三国演义》英译本研究[D]. 开封：河南大学，2015.

[118] LiuQiaorong. A Comparative Study of the Translation of Offitial Titles in the Two English Versions of San Guo Yan Yi: from the Perspective of Manipulation Theory[D]. 西安：西安外国语大学，2015.

[119] 张晓红，刘金龙. 典籍英译对外出版的读者定位——以《三国演义》

的英译为例[J]. 北京：中国出版，2015（14）.

[120] 张志全，原灵杰. 文化翻译策略研究——以《三国演义》两个英译本为例[J]. 宁波广播电视大学学报，（2015（9）.

[121] 张志全，刘蕾蕾. 文化缺省的翻译补偿——以《三国演义》两个英译本为例[J]. 海外英语，2015（6）.

[122] 张焰明.《三国演义》邓罗英译本：情景语境改写的功能与大众接受[J]. 广东外语外贸大学学报，2016（4）.

[123] 闫敏敏. 从翻译目的论角度看《三国演义》罗译本的敬谦语翻译[J]. 黄冈师范学院学报，2016（1）.

[124] 董琇. 布迪厄理论视角下翻译审美再现研究——以罗慕士、赛珍珠的汉语典籍英译为例[J]. 同济大学学报：社会科学版，2016（4）.

[125] 陈甜.《三国演义》在汉语文化圈与英语文化圈的译介与传播比较研究[J]. 河南工程学院学报，2017（1）.

[126] 马郡. 古典名著《三国演义》简写本英译实践报告[D]. 成都：西南交通大学，2016.

[127] 高爱望. 概念隐喻框架下《三国演义》两个英译本对比研究[D]. 哈尔滨：黑龙江大学，2016.

[128] 景治强，胡毅. 文化翻译学视角下古典名著历史文化词翻译研究——以《三国演义》维译本官职名称为例[J]. 昌吉学院学报，2016（10）.

[129] 牛百文，李依畅. 关联理论视角下的中国文化负载词英译策略研究——以《三国演义》罗慕士译本为例[J]. 现代语文，2016（7）.

[130] 彭文青. 互文性：《三国演义》多个英译本研究[D]. 上海：上海外国语大学，2016.

[131] 董琇. 中国文学外译中“直译”表现形式的差异性及时代因素——以赛珍珠与罗慕士的翻译为例[J]. 同济大学学报：社会科学版，2017（2）.

[132] 孙士生.《赤壁》：给全世界讲三国的故事[J]. 电影评介，2008（21）.

[133] 沈伯俊. 赤壁之战与电影《赤壁》[J]. 成都大学学报：社会科学版，2008（6）.

[134] 廖金英，谢太平. 作为景观的历史：政治意识和文化消费主义的

共谋——评《赤壁》[J]. 电影评介，2009（19）.

[135] 王心怡. 赤壁之战与电影《赤壁》[J]. 新闻研究导刊，2016（22）.

[136] 李艳婷. 电影《赤壁》对《三国演义》的传承解构[J]. 电影文学，2014（13）.

[137] 周菊，谢和玲. 论电影《赤壁》与小说《三国演义》"赤壁之战"的异同[J]. 小作家选刊：教学交流，2014（11）.

[138] 刘明坤. 浅析电影《赤壁》中翻译理论方法的选择[J]. 中国科技博览，2011（14）.

[139] 雷慧慧. 浅析电影《赤壁》中的字幕翻译策略[J]. 才智，2016（33）.

[140] 韦晓军. 浅析电影《赤壁》（上）台词独特的娱乐效应[J]. 电影评介，2008（24）.

[141] 安洪霞. 翻译美学视角下的影视字幕翻译——以电影《赤壁（上）》为例[D]. 石家庄：河北师范大学，2014.

[142] 丁晶华. 从《赤壁》管窥影视剧字幕的翻译——浅析关联理论指导下的影视剧字幕翻译[J]. 科教文汇，2011（2）.

[143] 熊婷. 从关联理论角度看电影《赤壁》的字幕翻译[J]. 科技信息，2010（1）.

[144] 颜明. 电影《赤壁》台词的"笑果"及效果分析[J]. 时代文学，2008（18）.

[145] 符俊. 电影《赤壁》字幕翻译中文化因素的处理——从目的论的视角[J]. 考试周刊，2012（77）.

[146] 杨明华，肖忆鑫. 目的论视角下电影《赤壁》字幕翻译策略[J]. 现代交际，2012（8）.

[147] 程瑞雪. 探究电影《赤壁》及其音乐的艺术魅力[J]. 电影文学，2014（18）.

[148] 刘琤琤. 游走于"写实"与"写意"之间——电影《赤壁》美术风格浅析[J]. 电影评介，2013（23）.

[149] 倪海波. 文化消费品中三国题材的内涵转变——以《赤壁》网游和《赤壁》电影为例[J]. 艺术评论，2008（8）.

[150] 伍洋.《赤壁》中对古琴音乐的运用分析[J]. 电影文学，2010（24）.

[151] 燕红梅．从《赤壁》的平面海报设计看中国元素的融入[J]．电影文学，2012（17）.
[152] 朱虹，詹秦川．传统纹样在现代电影语言中的分析——以电影《赤壁》为例[J]．电影评介，2009（2）.
[153] 谢永. 从电影《赤壁》探讨好莱坞美术文化对中国电影的影响[J]. 电影文学，2012（21）.
[154] 张力．电影《赤壁》动作指导国建勇访谈[J]．北京电影学院学报，2008（5）.
[155] 王知音．电影《赤壁》及其音乐欣赏[J]．电影文学，2011（14）.
[156] 柯莉．电影《赤壁》音乐听后记[J]．电影评介，2009（9）.
[157] 王飞．以电影《赤壁》为例探微电影音乐的艺术魅力[J]．电影文学，2012（23）.
[158] 甘子琦．霹雳手段菩萨心肠——电影《赤壁》音乐分析[J]．当代音乐，2016（7）.
[159] 何婧雅，谢丽娟．续貂并非皆狗尾——电影《赤壁》剀谈[J]．传奇·传记文学选刊，2010（3）.
[160] 陈克红．吴宇森的三国“江湖”——评《赤壁》[J]．电影新作，2007（22）.
[161] 王珏惠．电影《赤壁》的半世纪[J]．观察与思考，2007（22）.
[162] 姚成. 文化消费品中三国题材的内涵转变——以《赤壁》网游和《赤壁》电影为例[J]．消费导刊，2010（7）.
[163] 李诗晓.《赤壁》：类型化古装“大片”的叛逆者[J]．电影文学，2010（3）.
[164] 杜冬颖.《赤壁》在“中国式大片”道路上的探索[J]．艺海，2010（2）.
[165] 马晓峰，王祖友．电影《赤壁》的新历史主义解读[J]．剑南文学，2009（9）.
[166] 张春晓．古典诗词的现代接受效应——以《念奴娇·赤壁怀古》对电影《赤壁》的影响为例[J]．江西师范大学学报：哲学社会科学版，2012（3）.

[167] 周雪. 管弦丝竹风流千载——《赤壁》影片的音乐欣赏[J]. 电影评介，2009（11）.

[168] 衡小丽. 换个角度看《赤壁》——浅谈《赤壁》中的暴力美学与音乐[J]. 电影评介，2008（24）.

[169] 唐晋先. 巾帼赤壁展英姿决战天下显身手——《赤壁》女性形象分析[J]. 电影评介，2009（19）.

[170] 王敏. 看《赤壁》，数千古风流人物[J]. 电影文学，2010（11）.

[171] 傅根生. 历史、文本与消费——《赤壁》的接受与批评[J]. 理论与创作，2008（5）.

[172] 张迪. 直播：打造“媒介事件”构建双赢格局——《片场直击中国赤壁》点评[J]. 电影评介，2008（6）.

[173] 王万尧. 奇观化的通俗叙事与暴力美学——论吴宇森电影的主题与风格[J]. 创作与评论，2013（20）.

[174] 赵大军. 千帆竞斗赴商机——简评大片《赤壁》的商业电影元素[J]. 电影评介，2009（1）.

[175] 张琳. 人文关怀视野下的吴宇森电影《赤壁》[J] 青年文学家，2009（4）.

[176] 韩力扬. 一个人的江湖和面向世界的《赤壁》演义[J]. 艺术评论，2008（8）.

[177] 陈勇曦. 从《赤壁》看视听语言中的电影文化[J]. 青年文学家，2009（16）.

[178] 臧焱辛. 古代文化的影像书写[J]. 电影文学，2013（9）.

[179] 李阳. 以电影《赤壁》为例探索翻译与文化的关系[J]. 电影评介，2014（16）.

[180] 杨珍. 跨文化传播中民族文化符号意义的象征性参照——以电影《赤壁》为例[J]. 新闻界，2010（2）.

[181] 岳振国. 论电影《赤壁》对中国传统文化的传承与弘扬[J]. 衡水学院学报，2010（3）.

[182] 卢玉萍. 浅谈电影《赤壁》中民族精神的跨文化传播[J]. 电影文学，2012（12）.

[183] 杨颖. 浅析电影的跨文化传播——以《卧虎藏龙》和《赤壁》为例[J]. 电影评介，2009（18）.
[184] 牛春龙.《赤壁》侧写：真相·纪实·花絮[M]. 厦门：鹭江出版社，2008.
[185] 叶锦添. 赤壁：电影美术笔记[M]. 北京：当代中国出版社，2008.
[186] 冯传亭.《三国演义》电视连续剧中《短歌行》主旨的偏离与悖误[J]. 电影文学，2008（10）.
[187] 沈伯俊.《三国演义》电视剧面对的五大矛盾[J]. 电视研究，1995（4）.
[188] 袁晶.《三国演义》影视改编的话语分析[J]. 电影评介，2011（13）.
[189] 夏青. 从华容小道看角色意识——电视剧《三国演义》人物小析[J]. 电影评介，2007（20）.
[190] 曾毅. 以历代咏诸葛亮的诗歌印证电视剧《三国演义》中诸葛亮形象[J]. 电影文学，2008（5）.
[191] 吴学进，符章琼. 电视剧《三国演义》的人物对话赏析[J]. 电影文学，2012（6）.
[192] 王冬梅. 电视剧《三国演义》中曹操多疑性格解析[J]. 电影文学，2013（24）.
[193] 宋洪民，张红梅. 电视剧《三国演义》语言运用指瑕[J]. 语文建设，2007（4）.
[194] 左岩. 近二十年《三国演义》影视传播及价值实现研究[D]. 济南：山东大学，2011.
[195] 王凡. 明清小说电视剧初次改编研究——以人物塑造为中心[D]. 汉中：陕西理工学院，2014.
[196] 杨巍. 浅析“空城计”的接受与再创造——以电视剧《三国演义》与京剧《失空斩》为例[J]. 赤峰学院学报：哲学社会科学版，2015（4）.
[197] 王诗文. 谈电视剧《三国演义》的画面与镜头[J]. 宿州学院学报，2004（19）.
[198] 赵群. 电视连续剧《三国演义》艺术评论集[M]. 北京：中国广播

电视出版社，1996.

[199] 王凡. 由周瑜的塑造看电视剧《三国演义》的文学改编意识[J]. 成都大学学报：社会科学版，2013（3）.

[200] 张燕敏. 曹操形象的演变及其伦理意义——从小说《三国演义》到新编电视剧《三国》[D]. 上海：上海师范大学，2012.

[201] 许俊妮，马玉林. 从历史到影视艺术——多维视角下的新《三国》解读[J]. 济南：山东行政学院，2010（6）.

[202] 孙书文. 语言魔盒与影像狂欢——兼论《三国演义》新版电视剧[J]. 山东文学，2010（8）.

[203] 王莹雪. 从吕貂爱情看电视剧《三国演义》的创作倾向[J]. 电影文学，2014（4）.

[204] 孙悦. 电视剧《三国》中的酒韵与民俗风情[J]. 科教导刊. 电子版（中旬），2016（5）.

[205] 王太忠. 电视剧《三国》中的一个逻辑谬误分析[J]. 昭通师范高等专科学校学报，2012（3）.

[206] 鲍静，裘杰. 电视剧话题营销运作机制探析——以新版《三国》为例[J]. 现代商业，2010（24）.

[207] 郭晔平. 论军礼文化传播——以电视剧新《三国》为例[D]. 郑州：郑州大学，2014.

[208] 王昕. 论现代历史剧的艺术真实性标准——兼评新版《三国》电视剧[J]. 中国电视，2010（12）.

[209] 杨婷婷. 论新《三国》人物形象对传统审美心理结构的挑战[J]. 山东文学（下半月），2010（8）.

[210] 张娟. “文不甚深”不可肤浅，“言不甚俗”不可庸俗——评新版《三国演义》的语言[J]. 山东文学，2010（8）.

[211] 杨文丽. 文化工业景观下国内电视剧的生产形态——以《三国》、《宫》、《流星雨》为例[C]. //安徽省第三届新闻传播学科研究生论坛论文集，2011（12）.

[212] 纪文光. 文学经典影视剧改编的不能承受之轻——论《三国演义》新版电视剧历史意蕴的匮乏[J]. 山东文学，2010（8）.

[213] 马祥林. 新《三国》: 名著改编与人物心理研究[J]. 电影文学，2011（22）.

[214] 王然. 新版《三国》对“谋略”主题的阐释与重塑——以吴蜀夷陵之战为例[J]. 现代语文：学术综合，2014（4）.

[215] 汪从文. 新版三国文史错误考述[J]. 新余学院学报，2013（6）.

[216] 陈林侠，彭云峰. 中国电视剧的“中国立场”及其海外传播策略[J]. 现代传播，2011（3）.

[217] 牛春雨. 电视剧《三国演义》与《新三国》的音乐分析及对比[J]. 北方音乐，2016（9）.

[218] 宋健. 曹操影视形象研究[D]. 兰州：西北师范大学，2013.

[219] 刘丹. 从“桃园三结义”看电视剧情节改编[J]. 青年文学家，2011（6）.

[220] 李乔. 电视剧《三国》的审美意蕴研究[D]. 杭州：浙江理工大学，2016.

[221] 李乔. 电视剧新《三国》中的女性人物叙事分析[J]. 消费导刊，2015（6）.

[222] 宋健. 对曹操的再演义——浅析电视连续剧《三国》中曹操的荧屏形象[J]. 聊城大学学报：社会科学版，2011（2）.

[223] 高超. 古典名著电视剧改编中的情节叙事研究——以《三国演义》、《水浒传》为例[J]. 电影评介，2012（21）.

[224] 杜小琴. 论三国故事文艺作品中孙尚香形象的演变[D]. 武汉：华中师范大学，2011.

[225] 李春艳. 三国历史影视演绎探析——以《三国演义》《赤壁》《铜雀台》为例[J]. 电影评介，2015（6）.

[226] 史辰翔. 三国题材电视剧研究[D]. 太原：山西师范大学，2015.

[227] 梁婉琳. 四大名著翻拍：一场新旧版本的魅力对抗[J]. 科技视界，2015（29）.

[228] 徐君. 消费时代经典名著翻拍的问题——以四大名著新版电视剧为例[D]. 南宁：广西师范学院，2012.

[229] 范志龙. 新旧版电视连续剧《三国演义》主题曲、片尾曲音乐的比

较研究[D]. 兰州：西北师范大学，2014.

[230] 张智华. 中国古典文学名著改编电视剧及其海内外传播——以《三国演义》、《水浒传》、《西游记》、《红楼梦》为例[C]. //“中国文学海外传播”国际学术研讨会论文集，2011.

[231] 陈玥. 中国长篇电视剧电影化进程——以新旧版<三国>为例[D]. 重庆：西南大学，2012.

[232] 王群.《三国演义》动画中的“七宗罪”[J]. 戏剧之家，2015（3）.

[233] 王鹏. 粲溢古今高风跨俗——浅谈电视动画片《三国演义》的创作理念[J]. 中国电视，2010（2）.

[234] 刘畅、李阳. 从动画片《三国演义》探究三维数字艺术中的工笔画效果[J]. 装饰，2011（10）.

[235] 石含璧. 从日本三国主题动漫产业商业模式看中国三国文化动漫产业的发展[J]. 北方文学（下旬刊），2013（4）.

[236] 李三强. 中国动画如何才能“走出去”——《三国演义》动画版给我们的启示[J]. 中国电视，2010（1）.

[237] 徐迅. 电视剧生产需要规则——电视剧《吕布与貂蝉》一案的法律视角[J]. 中国广播电视学刊，2004（3）.

[238] 欧阳梦. 电影《关云长》中关云长的人物形象塑造[J]. 电影评介，2014（23）.

[239] 邓辉. 电影《三国之见龙卸甲》中皮影民俗事象的呈现及价值解码[J]. 电影评介，2015（14）.

[240] 曹海峰. 动画片的跨文化传播探析——以《中华小子》《三国演义》为例[J]. 解放军艺术学院学报，2012（2）.

[241] 袁红兰. 国产电影中曹操的人物形象塑造[J]. 电影文学，2015（13）.

[242] 徐丕文，冯智强. 经典名著《三国演义》的“非经典”改编——评电影《关云长》[J]. 电影评介，2016（2）.

[243] 王凡. 论香港邵氏电影《貂蝉》对《三国演义》中貂蝉的形象重塑[J]. 湖北文理学院学报，2017（3）.

[244] 王凡. 论香港邵氏电影《神通术与小霸王》对《三国演义》的影像改编[J]. 西华师范大学学报：哲学社会科学版，2016（1）.

[245] 孟凡东．品《三国之见龙卸甲》[J]．电影评介，2008（23）.

[246] 王鑫，刘宁．浅谈电影《关云长》背景音乐的运用[J]．电影文学，2012（10）.

[247] 李娜．浅析《关云长》对《三国演义》的颠覆性演绎[J]．电影文学，2011（23）.

[248] 尚妤婵．日本动漫中的“三国热”[D]．湘潭：湘潭大学，2013.

[249] 王赛．三国故事与日本三国戏[D]．上海：上海师范大学，2016.

[250] 李元元．影视演绎中的《三国演义》[D]．济南：山东大学，2010.

[251] 田华．长篇动画《三国演义》中的君主形象及其文化内涵[J]．信阳师范学院学报：哲学社会科学版，2013（5）.

[252] 范兰珍．中国历史故事题材影视剧在泰国传播研究——以《三国演义》为例[D]．南宁：广西大学，2015.

[253] 参尼尔·波兹曼．娱乐至死[M]．章艳，译．北京：中信出版社，2015.

[254] 参古斯塔夫·勒庞．乌合之众：大众心理研究冯克利，译．北京：中央编译出版社，2017.

[255] 露丝·本尼迪克特．文化模式[M]．王炜，等，译．北京：社会科学文献出版社，2009.

[256] 李国亮．《三国杀》中的设计感悟[J]．文艺生活（下旬刊），2011（11）.

[257] 苏海伦．从桌游《三国杀》看中国经典文学作品的开发利用[J]．西南交通大学学报：社会科学版，2011（5）.

[258] 王成宇．浅析《三国杀》的传统文化元素运用[J]．企业文化（中旬刊），2012（3）.

[259] 王纯．网络桌游的受众分析——以“三国杀 online”为例[D]．重庆：西南政法大学，2013.

[260] 信天骄．浅谈“三国杀”由桌游向网游的进军[J]．网络财富，2010（15）.

[261] 潘忠孝．普通高中休闲游戏选修课程实施研究——以“三国杀”选修课程为例[D]．杭州：浙江师范大学，2014.

[262] 马一鸣. 从《三国演义》对《三国杀》的影响看继承传统文化的新思路[J]. 北方文学（下旬刊），2015（2）.

[263] 张志增，苏文龙. 基于《三国杀》学习三国历史与文化的探析——以中原工学院《三国文化与三国杀》课程为例[J]. 教育教学论坛，2016（48）.

[264] 张志增，苏文龙. 网络教学平台在《三国文化与三国杀》教学中的应用，河南教育学院学报：哲学社会科学版，2016（5）.

[265] 孙冰. 网游三国杀的品牌推广与延伸研究[D]. 北京：首都经济贸易大学，2014.

[266] 吕智宇. 论"三国杀"在工商管理中的应用[J]. 城市建设理论研究（电子版），2011（35）.

[267] 孙昌卿. 游卡桌游公司发展问题研究——基于"三国杀"产品营销[D]. 北京：中国人民大学，2011.

[268] 赵婷. 浅析三国杀游戏盛行的心理根源[J]. 新课程（中旬），2013（6）.

[269] 姚政宏. 三国杀小组影响大学生人际关系发展研究[J]. 社会工作与管理，2015（1）.

[270] 吴浩. "三国杀"游戏在青年中风靡的文化解码[J]. 青年探索，2011（2）.

[271] 王新梅. 网络游戏的营销传播策略研究——以网游《三国杀》为例[D]. 武汉：武汉理工大学，2012.

[272] 胡林珺. 将桌游"三国杀"引入大学生教育工作的探索[J]. 郑州铁路职业技术学院学报，2012（3）.

[273] 周海帆. 游戏产业能否"寓教于乐"？——论桌游《三国杀》的社会教育意义[J]. 现代商业，2015（11）.

[274] 徐佳璐. 纸牌桌游的著作权保护探究——以《三国杀》为研究对象[J]. 现代营销，2012（9）.

[275] 陈刚.《三国演义》在游戏中迅速传播的原因分析——以游戏"三国群英传"为例[J]. 佳木斯教育学院学报，2011（4）.

[276] 陈刚. 基于《三国演义》在游戏中传播的利弊分析——以游戏"三

国群英传”为例[J]. 吉林广播电视大学学报，2011（6）.

[277] 陈刚. 基于三国文化在PC游戏中的继承研究[J]. 中国科技信息，2009（20）.

[278] 陈刚. 浅议PC游戏对《三国演义》的创新[J]. 卫生职业教育，2011（3）.

[279] 陈刚. 三国演义文化在PC游戏中的传播初探[J]. 卫生职业教育，2011（8）.

[280] 陈刚. 论《三国演义》的当代传播——以电脑游戏“三国群英传”为例[D]. 湖南师范大学中国古代文学硕士毕业论文，2009.

[281] 舒小坚.《三国志》系列游戏传播启示[J]. 当代传播，2011（4）.

[282] 魏宇鹏. 基于Logit模型的“三国杀”产品组合策略研究[J]. 太原城市职业技术学院学报，2015（8）.

[283] 高志明. 穿越与现实——经典文学著作改编网络游戏剧本的传承和突破[J]. 中国信息化，2013（14）.

[284] 郑磊. 角色、意义与传播——以网络游戏传播中的《三国演义》角色变迁为例[J]. 文艺生活·文海艺苑，2010（8）.

[285] 陈超. 论经典文本网络游戏的文化呈现[J]. 新闻爱好者（下半月），2009（10）.

[286] 吴小玲. 网络游戏对古典作品的重构——以《吞食天地Online》和《三国策Online》为例[J]. 当代传播，2005（2）.

[287] 陈美珍. 再生或沉沦：当文学名著遭遇电子游戏——以《三国演义》为例[C]. 2007年全国博士生学术论坛——中国语言文学论文集，2007.

[288] 贾光峰. “三国”惑乱遗至今——易中天现象与三国历史论著的读者推荐[J]. 阴山学刊：社会科学版，2013（26）.

[289] 葛红兵，徐渭. “文史合一”：历史言说的传统维度及其误区——以易中天的《品三国》为例[J]. 上海：上海师范大学学报：哲学社会科学版，2006（5）.

[290] 黄佳利. “易中天现象”研究[D]. 武汉：华中科技大学专门史硕士毕业论文，2008.

[291] 高婷婷，李洪梅．中国传统文化与现代人的精神建[J]．郧阳师范高等专科学校学报，2008（1）.

[292] 杨玉昆．杂谈易中天《品三国》对档案文化传播的启示[J]．山西档案，2006（5）.

[293] 周锦国．杂混的多元统一——易中天《品三国》所体现出的当代修辞倾向[J]．毕节：毕节学院学报，2010（5）.

[294] 黄河清．与易中天教授辩“三顾草庐”[J]．襄樊：襄樊职业技术学院学报，2007（6）.

[295] 谷佳旋．《百家讲坛》的“易中天现象”研究[D]．长沙：湖南师范大学传播学硕士毕业论文，2010.

[296] 郑颐寿．《品三国》：一种辞章的分析[J]．福建论坛：人文社会科学版，2009（6）.

[297] 刘敏．电视讲坛的传播生态学思考[J]．东南传播，2007（7）.

[298] 钱玉趾．赤壁之战与东风之谜——兼与易中天先生商榷[J]．文史杂志，2007（1）.

[299] 李永健，刘欢，戚明．传媒娱乐化与大众文化——易中天现象背后的原因探析[J]．新闻记者，2007（2）.

[300] 林晓东．从“易中天现象”看电视时代的文化价值秩序[J]．声屏世界，2007（2）.

[301] 周伟．从接受美学的视角看古典名著的“解读”——从易中天《品三国》说开去[J]．沈阳：沈阳大学学报，2008（20）.

[302] 王苏生．从“阳春白雪”到“下里巴人”——“易中天现象”析[J]．河北省社会主义学院学报，2007（2）.

[303] 陈文艳．从“易中天现象”解读《百家讲坛》的成功[J]．承德民族师专学报，2007（1）.

[304] 杨淑明．由“易中天现象”引发的思考[J]．潍坊学院学报，2007（7）.

[305] 章晓炜．由“易中天现象”谈高校德育教育[J]．文教资料，2008（9）.

[306] 郭景华．电视传媒与传统学术生产方式的转型——关于易中天、于

丹现象的思考[C]. 2007 年全国博士生学术论坛——中国语言文学论文集，2007（7）.
[307] 肖珉. 电视与文化的联姻——对“易中天现象”的传播学思考[J]. 新闻实践，2006（9）.
[308] 孔庆康. 由“易中天现象”谈《百家讲坛》栏目的创新[J]. 桂林：广西民族师范学院学报，2010（4）.
[309] 谷献晖. 从“易中天现象”来解读《百家讲坛》的成功[J]. 安阳：安阳工学院学报，2007（2）.
[310] 叶芬芳. 从语体角度看《百家讲坛》主讲人的个性化语言魅力——以易中天、于丹为例[D]. 南昌：江西师范大学语言学及应用语言学硕士毕业论文，2011.
[311] 叶芬芳. 从语体角度看《百家讲坛》主讲人的个性化语言魅力——以易中天为例[J]. 青年时代，2015（20）.
[312] 朱云涛. 大众传媒与学术传播——从《百家讲坛》的热播说起[J]. 新闻界，2006（5）.
[313] 刘丽红. 当代大众文化中的历史情结现象研究[D]. 中南大学文艺学硕士毕业论文，2009.
[314] 秦平. 当代社会对《三国演义》文本“虚实”问题的接受研究——从易中天《品三国》谈起[J]. 美与时代（下半月），2009（2）.
[315] 张娜. 古代经典的当代解读——对易中天“品三国”现象的学理反思[D]. 河北大学中国古代文学硕士毕业论文，2009.
[316] 韩田鹿，张娜. 古代经典的当代解读——对易中天《品三国》的学理反思[J]. 三峡大学学报：人文社会科学版，2008（2）.
[317] 李传印. 关于“易中天现象”的若干思考[C]. 北京师范大学“史学批评与史学文化”学术研讨会论文集，2008.
[318] 赵增翀. 简析易中天在百家讲坛取得成功的原因[J]. 西宁：青海师专学报（教育科学），2008（28）.
[319] 朱晋. 精英文化的电视传播初探——以央视《百家讲坛》栏目为例[D]. 湖南师范大学新闻学硕士毕业论文，2008.
[320] 杨坤. 两种话语的冲突——“易中天现象”解析[D]. 上海：上海大

学社会学硕士毕业论文，2007.

[321] 宋成剑，李凤堂. 论名师易中天的课堂讲授艺术[J]. 天津：天津市教科院学报，2009（2）.

[322] 王珊珊. 论易中天《品三国》通俗化与幽默化的语言特征[D]. 济南：山东大学汉语言文字学硕士毕业论文，2009.

[323] 谭光辉. 论易中天《品三国》与大众文化的心理同构[J]. 成都：西华大学学报：哲学社会科学版，2007（26）.

[324] 史式. 捧杀与棒杀——从易中天现象说起[J]. 探索与争鸣，2006（12）.

[325] 宋德发，任钰琳. 如何化解科研与教学的矛盾——从易中天的科研转型谈起[J]. 云梦学刊，2013（3）.

[326] 李大钊. 李大钊文集[M]. 北京：人民出版社，1984.

[327] 谢银峰. 易中天讲座艺术浅析[J]. 延安：延安教育学院学报，2007（1）.

[328] 冯传亭. 试论易中天品三国的教学艺术因素——兼谈高校教师教学艺术的缺失与对策[J]. 菏泽学院学报，2007（1）.

[329] 宣炳善. "说史"还是"说书"——兼论易中天的知识分子历史观[J]. 学术界，2007（4）.

[330] 张建生. 文化身份的转换与社会认同的选择——解读"易中天现象"[J]. 兰州：兰州商学院学报，2007（3）.

[331] 杨立英. 文学经典的时尚解读[J]. 沈阳：沈阳教育学院学报，2008（2）.

[332] 姬米刚，王泽华. 央视《百家讲坛》走红的文化反思[J]. 采写编，2006（5）.

[333] 郭秀琦，孔德刚. 易中天《品三国》补正[J]. 阴山学刊：社会科学版，2008（1）.

[334] 何燕. 易中天《品三国》的修辞分析[D]. 福建师范大学语言学及应用语言学硕士毕业论文，2009.

[335] 王珊珊. 易中天《品三国》用词的通俗化与幽默化[J]. 厦门教育学院学报，2009（1）.

[336] 方乐．易中天“品三国”广受欢迎的原因[J]．湖南城市学院学报：人文社会科学版，2007（3）．

[337] 李乔．易中天身份研究[D]．四川师范大学文艺学硕士毕业论文，2011．

[338] 张泓．易中天现象：大众传媒与知识分子的修辞合作[D]．福建师范大学英语语言文学硕士毕业论文，2010．

[339] 詹昌平．“易中天现象”的现代语言文化信息传播意义[J]．福建工程学院学报，2008（4）．

[340] 高钟．史学的专业化与大众化刍议——“易中天现象”的史学解构[J]．苏州科技学院学报：社会科学版，2008（25）．

[341] 吕一飞．四川三国文化旅游开发的战略思考[J]．成都大学学报：社科版，2006（6）．

[342] 张倩霞，刘莉，黄华宪，余露璐．面向东南亚市场的四川三国文化旅游开发策略研究[J]．成都大学学报：社会科学版，2016（2）．

[343] 孙璐．旅游者行为特征与区域旅游产品开发研究——以四川省“三国文化旅游线路”日韩旅游市场调查为例[D]．四川师范大学旅游管理硕士学位论文，2009．

[344] 周培．四川三国文化旅游企业服务利润链分析及研究[J]．技术与市场，2016（7）．

[345] 周培，周颖．四川三国文化旅游景点服务质量评价体系的构建[J]．学术论坛，2015（8）．

[346] 谢嵩，贾天保．浅论武侯区打造三国文化名片与统筹三国旅游的意义与方法[J]．中共成都市委党校学报，2016（5）．

[347] 罗开玉．成都城市品牌与“三国圣地”研究[J]．四川文物，2003（4）．

[348] 蒋英．成都饮食文化旅游探析——以三国文化元素为例[J]．中共成都市委党校学报，2013（1）．

[349] 唐勇，刘妍，刘娜．成都锦里民俗文化旅游资源整合开发研究[J]．成都理工大学学报：社会科学版，2006（9）．

[350] 蔡丽媛．民居、民俗、商业[J]．大众文艺：理论，2009（1）．

[351] 王冠玲. 博物馆体验型旅游产品开发研究——以成都武侯祠博物馆为例[D]. 成都理工大学第四纪地质学硕士学位论文，2007.

[352] 炎钧，马爱萍. 基于营销理论的成都武侯祠景区营销研究[J]. 中国市场，2015（19）.

[353] 谢辉，梅铮铮. 孔明苑——博物馆陈列新尝试[J]. 成都大学学报：社科版，2007（6）.

[354] 王方. 借鉴成都经验开发德阳旅游资源[J]. 成都大学学报：社科版，2011（6）.

[355] 杨得富. 三国文化打造绵阳城建[J]. 四川建筑，2005（9）.

[356] 沈伯俊. 开发“三国文化之旅”的几个问题[J]. 中华文化论坛，2003（2）.

[357] 周倩. 三国文化在旅游景观设计中的应用研究[D]. 四川农业大学硕士学位论文，2005.

[358] 鲍蕊，邹洪伟. 罗江县文化旅游产品开发析论[J]. 绵阳师范学院学报，2011（10）.

[359] 冯明义，唐光辉，李巧义，邓小兰，林永坚. 古蜀道旅游价值研究[J]. 西华师范大学学报：自然科学版，2007（12）.

[360] 沈伯俊. 努力打造川陕三国文化旅游精品线[J]. 中华文化论坛，2007（4）.

[361] 陈景珂. 论蜀汉文化在规划设计中的运用——以剑阁县宝龙山森林公园规划设计为例[D]. 西南科技大学 建筑与土木工程硕士学位论文，2014.

[362] 岳嵩. 人物造型在旅游产品中的设计——以三国五虎上将为例[J]. 芒种，2005（8）.

[363] 王礼刚. 三国文化与湖北提升文化软实力研究[C]. 第三届湖北省青年学者论坛论文集，2012.

[364] 王礼刚. 三国文化在湖北提升文化软实力中的作用[J]. 湖北理学院学报，2012（10）.

[365] 刘晓慧. 湖北省三国文化景点建设与旅游发展[J]. 湖北第二师范学院学报，2015（6）.

[366] 何风云. 文化遗产的旅游价值评估及开发策略——以湖北省三国文化遗产为例[D]. 湖北大学旅游管理硕士学位论文，2007.

[367] 王前程. 悠久的历史渊源，独特的地域文化——简论“湖北三峡城市群”的文化资源及其价值[J]. 三峡大学学报：人文社会科学版，2014（11）.

[368] 王乃举. 基于旅游竞合关系的跨区域旅游品牌共建研究——以湖北三国文化旅游为例[D]. 华中师范大学旅游管理硕士学位论文，2007.

[369] 王乃举. 跨区域旅游品牌共建的可行性研究——以湖北三国文化旅游为例[J]. 重庆三峡学院学报，2010（4）.

[370] 付浩. 关于建设区域文化旅游线路的新构想——以湖北三国文化资源开发为例[J]. 今日湖北，2014（7）.

[371] 袁红. 对湖北三国文化旅游的思考[J]. 旅游发展，2010（1）.

[372] 张军，栾建伟，尚艳. 楚文化、三国文化与湖北文化产业资源开发刍议[J]. 湖北经济学院学报，2007（7）.

[373] 袁俊，王乃举. 湖北隐性三国文化遗产再文化策略探析[C]. 区域旅游合作与发展国际论坛文集，2006（3）.

[374] 田传茂. 以湖北三国景点为例谈文化旅游翻译[J]. 中国科技翻译，2010（8）.

[375] 姜维. 浅析本土文化与旅游英语教学改革相结合——以鄂州“三国文化”为例[J]. 考试周刊，2014（79）.

[376] 贺习耀. 湖北三国文化宴设计探析[J]. 武汉商学院学报，2015（8）.

[377] 王松青. 荆州打造三国文化之乡的途径探讨[J]. 百业论坛，2012（5）.

[378] 余雷. 荆州文化遗产与文化旅游[D]. 华中师范大学区域文化史硕士学位论文，2011.

[379] 李晓波. 荆州文化旅游发展的思考[J]. 经济研究导刊，2009（31）.

[380] 王小宏. 浅谈历史文化街区保护规划与研究——以荆州市三义街历史文化街区为例[J]. 青年文学家，2015.

[381] 张玲. 荆州历史文化名城旅游开发的策略研究[J]. 中国商贸，2010

（16）.
[382] 黄辉. 荆州古城城市形象定位思考[J]. 安康学院学报，2010（10）.
[383] 周丹. 试论荆州楚文化旅游资源的比较优势——基于鄂西生态文化旅游圈的视角[J]. 商场现代化，2012.
[384] 王虹. 荆州市三国文化步行街规划设计探讨[J]. 规划师，2008（7）.
[385] 卢小琴. 荆州文化旅游产品开发初探[J]. 长江大学学报：自然科学版，2012（9）.
[386] 刘勇. 荆州文化旅游资源的多元性特征分析与整合研究[J]. 科技资源，2008（23）.
[387] 方微. 荆门市文化旅游发展研究，广西大学旅游管理硕士学位论文，2011.
[388] 卢洋. 生态视阈下荆州三国文化旅游开发研究——以洪湖市乌林为例[J]. 武汉职业技术学院学报，2013（5）.
[389] 彭雯. 三国赤壁旅游发展研究[J]. 科教导刊，2009（6）.
[390] 叶植，靳进. 襄阳三国历史文化研究[J]. 第六届荆楚学术前沿论坛，2013.
[391] 朱运海. 基于SWOT分析的襄樊三国文化旅游发展战略对策研究[J]. 襄樊学院学报，2010（8）.
[392] 朱运海. 襄樊三国文化旅游开发研究[J]. 武汉职业技术学院学报，2010（1）.
[393] 钟志月，吴海兵. 襄阳的“三国文化”旅游开发[J]. 重庆科技学院学报：社会科学版，2014（8）.
[394] 张菊芳. 树立大旅游观念、打造文化旅游品牌——襄樊市隆中风景区发展前瞻，武汉商业服装学院学报，2009（6）.
[395] 万丛丽，朱运海，杨燕. 襄阳三国文化特色旅游发展的研究[J]. 农村经济与科技，2011（22）.
[396] 吕泽元，马佳. 襄阳三国文化旅游发展战略[J]. 农村经济与科技，2013（5）.
[397] 赵德. 三国文化与襄阳城市主题建筑装饰设计例析[J]. 襄樊学院学报，2011（12）.

[398] 严志文，尹智源. 浅谈鄂州三国文化的历史发展及现实意义[J]. 湖北社会科学，2006（8）.

[399] 余晓辉. 吴楚文化、三国文化与鄂州文化资源的整合开发[J]. 鄂州大学学报，2016（7）.

[400] 金丽娟. 吴王城的历史文化价值与旅游开发研究[J]. 当代经济，2015（35）.

[401] 沈伯俊. 精心培育汉水流域三国文化带[J]. 湖北文理学院学报，2014（12）.

[402] 梁中效. 汉水流域三国文化旅游开发研究[J]. 湖北文理学院学报，2015（12）.

[403] 许军让，肖亚波. 汉中三国文化旅游资源的开发研究[J]. 金卡工程，2010（7）.

[404] 肖亚波. 汉中三国文化旅游资源开发研究[J]. 学理论，2013.

[405] 王惠娟. 河南省三国文化旅游资源开发刍议——以许昌市为例[J]. 佳木斯教育学院学报，2013（4）.

[406] 谢淑芳. 许昌三国旅游文化开发刍议[J]. 许昌师专学报，2002（4）.

[407] 高洪涛. 许昌三国曹魏文化主题酒店建设构想[J]. 洛阳师范学院学报，2011（4）.

[408] 潘利. 刍议许昌“三国曹魏旅游”与“文化型导游”[J]. 焦作大学学报，2011（4）.

[409] 刘冰. 中国传统文化与中国旅游业的发展——以许昌三国文化与许昌旅游业的发展为例[J]. 青年文学家，2010.

[410] 朱静雯. 基于文化创意视角的许昌市三国文化旅游资源开发研究[D]. 河南大学人文地理学硕士学位论文，2013.

[411] 王小松. 三国名都——许昌市提高旅游竞争力的策划初探[J]. 商情，2010.

[412] 张纯承. 三国文化资源与许昌文化产业发展的互动关系研究[J]. 大众文艺，2015.

[413] 郑敬刚. 许昌三国文化资源开发对策研究[J]. 许昌学院学报，2016（3）.

[414] 高洪涛. 许昌三国文化旅游线路的整合开发[J]. 河南科技大学学报：社会科学版，2010（2）.
[415] 刘霞. 许昌三国文化旅游资源一体化开发研究[J]. 许昌学院学报，2010（4）.
[416] 张润泽. 供给侧改革视角下许昌三国历史文化开发新探讨[J]. 环球市场，2016（8）.
[417] 刘丹丹. 从旅游翻译看历史文化资源的开发——以许昌三国文化为例[J]. 济南职业学院学报，2013（2）.
[418] 谢福田，刘永晋. 论安徽境内三国文化旅游的区域联合开发[J]. 中小企业管理与科技（下旬刊），2013（12）.
[419] 马琪. 合肥市三国文化旅游发展对策研究[D]. 合肥工业大学项目管理硕士学位论文，2010.
[420] 魏晓峰，张洪. 安徽开展三国文化旅游的思考——以“亳州-合肥-马鞍山”旅游线路为例[J]. 管理观察，2009（12）.
[421] 汪婵. 档案视角下的庐江县三国文化开发利用研究[D]. 安徽大学档案学硕士学位论文，2014.
[422] 张莹. 试论汉中两汉三国旅游资源的整合[J]. 陕西教育，2013（9）.
[423] 陈龙，胡亚娟. 浅析勉县三国文化旅游的开发优势[J]. 商界论坛，2013（1）.
[424] 黄钰钏. 试论汉中两汉三国文化旅游资源的开发[J]. 学理论，2011（20）.
[425] 冯鼎然. 三国文化背景下的城市雕塑艺术创作研究——以诸葛古镇雕塑设计为例[D]. 西安建筑科技大学艺术设计硕士学位论文，2016.
[426] 石宁. 基于三国文化的天水地区旅游纪念品设计分析[J]. 文艺生活 文海艺苑，2013（5）.
[427] 陈慧平. 关岭三国文化的历史意蕴与现代价值[D]. 武汉：华中师范大学，2013.
[428] 李玮谦，代青，郭喜梅，李伟. 曲靖市三国文化旅游特质及开发思考[J]. 海南师范大学学报：自然科学版，2013（3）.

[429] 余方方，刘方．论三国旅游资源及其价值[J]．民风，2008（7）.

[430] 陈新剑．关于三国文化旅游若干问题的思考[J]．江汉大学学报：社会科学版，2007（9）.

[431] 郭文．受访游客参与影视旅游展演意愿倾向研究及启示——基于对无锡唐城、三国城、水浒城游客的调查[J]．旅游学刊，2008（10）.

[432] 潘利．三国文化旅游研究述评[J]．河南科技大学学报：社会科学版，2011（10）.

[433] 赵振斌，马丽霞，马耀峰．三国文化旅游跨区域联合开发与产品设计研究[J]．开发研究，2006（3）.

[434] 陈新剑．三国文化旅游之研究[J]．襄樊学院学报，2007（10）.

[435] 金倩，吴丹．三国文化艺术衍生品的开发畅想[J]．佳木斯教育学院学报，2013（10）.

[436] 金倩，吴丹．三国文化与主题公园创建[J]．神舟旬刊，2014（7）.